A Heart in New York – Ein Herz in New York

von Petra A. Bauer

Langenscheidt

Berlin · München · Wien · Zürich
London · Madrid · New York · Warschau

Lektorat: Maren Giering-Desler
Englischsprachiges Lektorat: Charlotte Collins
Umschlaggestaltung: init.büro für gestaltung, Bielefeld,
unter Verwendung von Fotos von iStockphoto und init

www.girls-in-love.de
www.langenscheidt.de

Satz: kaltner verlagsmedien GmbH, Bobingen
Druck und Bindung: Stürtz GmbH, Würzburg

ISBN: 978-3-468-20898-0

11010

New York, like a scene from all those movies
But you're real enough to me, but there's a heart
A heart that lives in New York

(Simon & Garfunkel)

New York, New York

Wieso kann ich keinen Vater mit einem ganz alltäglichen Beruf haben wie alle anderen Menschen auch? Nehmen wir beispielsweise meine beste Freundin Britt Solvenstein: Ihr Vater ist Rechtsanwalt. Das ist zwar absolut öde, aber er bringt Geld nach Hause und scheint mit seinem Job zufrieden zu sein. Patrizias Vater ist Apotheker und der von Konrad Elektroanlageninstallateur. Lauter Berufe, die so ganz und gar keinen Grund bieten, die Stadt zu wechseln, geschweige denn das Land!

Holy shit! Ich werde meinen Freund Konrad nie wieder sehen! Und Brittimaus auch nicht! Wer soll sie denn bei einem Krach mit Paul trösten? Und wer tröstet *mich*, weil ich Konrad hier zurücklassen muss? Mails schreiben, den Messi nutzen oder twittern ist einfach nicht dasselbe, als wenn ich meine Liebsten direkt in den Arm nehmen und knuddeln kann. Und all das nur, weil mein Vater Amerikaner ist und Professor für Stadt- und Regionalplanung. Und weil er sich kein bisschen darum schert, dass seine Tochter nicht nach New York ziehen will!

Holy shit!
Heilige Scheiße!
to make it
es schaffen

"If you can **make it** there, you'll make it anywhere", hatte er den Text aus Frank Sinatras Lied *New York, New York* bemüht. Er wollte mir damit wohl klarmachen, welche Chancen sich mir auftäten, wenn ich im *Big*

Apple leben würde. Als hätte ich überhaupt noch eine Wahl!

Sorry, ich vergaß, mich vorzustellen: Ich bin Nina Clark und lebe in Berlin. Noch. Mein Vater versucht, meine Mutter und mich gerade nach Amerika zu entführen, und zwar "auf unbestimmte Zeit", was im Grunde so viel bedeutet wie *für immer.*
Ich würde auch einfach alleine hierbleiben, aber da spielen meine Eltern nicht mit, obwohl es nur noch zwei Jahre dauert, bis ich endlich volljährig bin.
Ich versuche, mir die Sache schönzureden. Immerhin handelt es sich um NEW YORK und nicht etwa Timbuktu oder Kleinkleckersdorf. Aber so ganz will mir das einfach nicht gelingen.

Goodbye Forever?

"**Are** you **completely off your head**?"
Britts Reaktion auf meine bevorstehende Auswanderung war genau wie die von Konrad und genauso, wie ich es erwartet hatte.

forever für immer
completely völlig
to be off one's head spinnen
I can't help it. Ich kann nichts dafür.
to find one's way around sich zurechtfinden
to ship verschiffen

"**I can't help it**! I don't even want to go!"
"So why have you hung up these maps?"
Britt deutete vorwurfsvoll auf die Wand über meinem Bett, wo ich den Stadtplan von New York und den Plan von der Subway angepinnt hatte.
Doch dafür konnte ich mich rechtfertigen: "I'll never **find my way around** if I don't start learning the routes before I go."
"You've already got an apartment over there?" Britt riss die Augen auf. Offenbar hatte sie bisher noch geglaubt, ich ginge *vielleicht* nach New York oder *irgendwann*.
"Of course. It's only a few weeks until we leave. My parents **have** already **shipped** some of our stuff."
Auf einmal hatte ich einen dicken Kloß im Hals. Ich schwankte noch immer zwischen Horror und Vorfreude, aber in diesem Moment überwog die Trauer. Britt legte den Arm um mich.

"Maybe I can visit you sometime. We'll have a good time, just like we had in San Fran."
Vermutlich hatte sie gemerkt, dass meine Augen kurz vor dem Überlaufen standen.
Zwei Jahre zuvor hatten wir gemeinsam die Sommerferien in San Francisco verbracht, weil mein Vater dort beruflich etwas zu klären hatte. Allerdings war das ein befristetes Projekt gewesen, das in vier Wochen abgehakt war. Er hatte es in die Sommerferien gelegt, damit Mom und ich auch mitfahren konnten. Britt musste ihre Englischnote verbessern, und wir hatten ihre und meine Eltern überreden können, sie mitfliegen zu lassen. Ihre Zensur hatte sich wirklich verbessert, und so waren wir dazu übergegangen, auch sonst untereinander englisch zu sprechen, wenn wir alleine waren.
Britt hatte in San Francisco ihre erste große Liebe kennengelernt. Doch die rosarote Brille war schon ziemlich beschlagen, als der Mann ihres Herzens dann ein Jahr später für einige Wochen nach Berlin kam. Sie waren sich durch die große Entfernung vollkommen fremd geworden. Stattdessen nahm Paul jetzt den Platz an Britts Seite ein, und die beiden kamen prima miteinander aus. Manchmal wirkten sie schon wie ein altes Ehepaar, einschließlich der Streitereien.
Ich würde das alles *so* vermissen!
Britt nahm mich in den Arm.
"Don't you think it's a brilliant idea? I'll start saving money for the ticket right now."
Ich nickte. Trotzdem war es einfach nicht dasselbe. Und total ungerecht obendrein. Denn Britt würde nach

einem New-York-Besuch wieder nach Berlin zurückkehren können. Ich nicht. Jedenfalls nicht, bevor ich volljährig war und ohne meine Eltern klarkommen könnte.
Nach einer Weile grinste Britt mich an. "Didn't you ever think about who's going to help me with my English now, you **fair-weather friend**?" Und dann haute sie mir ein Kissen auf den Kopf.
"Hey, what are you doing?"
Das konnte ich auch. Wenn es etwas in meinem Bett zur Genüge gab, dann waren es Kissen in allen Größen und Farben, und im Nu war eine gigantische Kissenschlacht im Gange. Dass sich dabei aus einem der älteren Kuschelteile einige Schaumstoffflocken befreiten und wie Schnee um uns herumflogen, störte mich auch nicht weiter.
Britt schien sich in den Kopf gesetzt zu haben, mich aufzumuntern, und als wir nach der Kissenschlacht japsend auf dem Fußboden lagen, fragte sie mich aus:
"Where will you live in New York?"
"We've found an apartment in Brooklyn. It's near the Williamsburg Bridge. Daddy told us we can walk over the bridge and be in Manhattan in twenty minutes."
"**Has** he already **checked** it **out**?"
"Yes, he went to New York a few weeks ago, to **fix** everything with the apartment, my school and his job. And **obviously** he took a walk around our new neighborhood."
"Where will your dad be working?", wollte Britt wissen.

fair-weather friend treulose Tomate
to check out überprüfen
to fix arrangieren
obviously offensichtlich

"His new job's in Manhattan, at the Morningside Campus of Columbia **University**. Daddy's going to be working there at the **Graduate School** of **Architecture**, **Planning** and **Preservation**. He has to explain **urban planning** to the students and work on projects with them."

"So he's **basically** a teacher? Sounds boring."

Ich widersprach: "I don't think it's boring for *him*. He loves his job; he's always reading about new trends in urban planning in all kinds of **specialist magazines** that deal with his subject. And he loves working with students."

"Well, I'd **certainly** be happy if all teachers loved **both** their jobs **and** their students." Britt seufzte und ich wusste, worauf sie anspielte. Unsere Biolehrerin, Frau Schaaf, von Britt immer "Hammel" genannt, konnte Britt ganz offenbar nicht ausstehen und schikanierte sie, wo sie nur konnte. Außerdem hatte Frau Schaaf keine Lust, etwas zu erklären, handelte alles sehr oberflächlich ab und verwies bei Nachfragen auf das Biobuch. Ganz toll.

Leider verfuhren immer mehr Lehrer nach dieser Methode. Zum Glück kapiere ich die meisten Sachen recht schnell, aber Britt hatte in einigen Fächern ganz schön zu kämpfen.

"I hope school will be better for me over there", sagte

university Universität
graduate school Hochschule
architecture Architektur
planning Planung
preservation Erhaltung
urban planning Stadtplanung
basically im Grunde
specialist magazine Fachzeitschrift
certainly ganz sicher
both ... and sowohl ... als auch

after all schließlich
according to laut
equipped ausgestattet
to encourage fördern

ich und nickte mit dem Kopf zum Stadtplan hinüber. "**After all**, **according to** Debbie, their schools are better **equipped**, and they **encourage** competition."

Debbie Wilcox war eine Austauschschülerin aus Chicago, die im letzten Jahr für einigen Wirbel bei uns in der Klasse gesorgt hatte. Britt und ich hatten sie anfangs nicht leiden können, weil sie so arrogant wirkte. Dabei hatte sie nur Heimweh gehabt und sich mies gefühlt. Am Ende verstanden wir uns ganz gut. Wir standen immer noch in Kontakt mit ihr, obwohl sie schon seit über einem halben Jahr wieder zurück in den USA war. Vielleicht könnte sie mich am Telefon trösten, wenn ich vor Sehnsucht nach Berlin zerfließen würde. Schließlich kannte sie das Gefühl gut genug.

First Day at School

Die letzten Wochen in Berlin vergingen viel zu schnell. Vor lauter Packerei kam ich gar nicht dazu, genug Zeit mit Konrad und Britt zu verbringen. Doch was ist schon genug, wenn man jemanden vielleicht *nie wieder* sieht?

Allzu bald standen wir am Flughafen. Natürlich waren die beiden mitgekommen, um mich zu verabschieden, obwohl sie eigentlich in der Schule hätten sitzen müssen.

An die Heulerei mag ich gar nicht zurückdenken. Am Ende standen wir beinahe in einer Pfütze. Konrad und Britt überreichten mir im Namen der Klasse ein Erinnerungsalbum, das sie noch mit eigenen Fotos ergänzt hatten. Konrad hatte mir sogar ein kurzes Liebesgedicht geschrieben und mit Herzchen verziert:

Love from here
Love from there
Our love lives everywhere
***No matter** how far*
Away you are
You are my star
Das ist doch klar.

no matter egal

"Damit du mich auch wirklich nie vergisst", sagte er.

Von Britt bekam ich noch ein Notizbuch, das sie selbst in bunt gemusterten Stoff eingeschlagen hatte. Auf einige Seiten hatte sie kleine Cartoons gezeichnet, die mich aufmuntern sollten, wenn ich in New York mal traurig war.

Aber jetzt hatte ich gar keine Gelegenheit, traurig zu sein, denn ich stand auf den Stufen meiner neuen Schule und wurde quasi ins Gebäude geschwemmt. Um mich herum brandete Geschnatter und Gekicher in der Sprache meines Vaters auf, die ich zwar ganz gut konnte, die jedoch so geballt mein Hirn komplett überforderte.

Go ahead! Los!
amazing erstaunlich

Kein Mensch nahm Notiz von mir.

Ich drehte mich noch einmal um. Zwischen den Häusern hinter mir gab eine Lücke den Blick auf die Skyline von Manhattan frei.

Nina, you're in New York! The city everybody dreams about. ***Go ahead****, don't be stupid, it's your chance to have an* ***amazing*** *life!* schien das Empire State Building mir zuzurufen.

So atmete ich tief durch, beschloss, etwas Großartiges aus meinem Leben zu machen, und stapfte die Treppe meiner neuen Schule hinauf.

Ich war schon vorher einmal in dem Gebäude gewesen. Meine Eltern hatten mich dem Rektor vorgestellt, der mir einen Plan aushändigte, wann ich in welchem Raum zu erscheinen hatte. In Amerika wanderten nämlich nicht die Lehrer zur jeweiligen Klasse, sondern die Schüler mussten für jedes Fach einen anderen Raum aufsuchen. Zum Glück hatte jeder Schüler seinen *locker*, einen Metallschrank, in dem man unterdessen seine restlichen Schulsachen aufbewahren konnte. Ich hatte noch keinen Schlüssel bekommen, also nahm ich den Rucksack mit in den ersten Raum. *American History* stand auf dem Stundenplan. Das interessierte mich nicht die Bohne, wenn ich ehrlich war. Geschichte war schon vorher nicht mein Lieblingsfach gewesen, aber immerhin hatte ich einen Bezug dazu gehabt. Aber was ging mich Sitting Bull an, oder George Washington? Das hier war nicht *mein* Land. Ich war ein Kind der Alten Welt und wurde mit der Neuen Welt nicht so richtig warm. Trotzdem würde ich versuchen, so gut wie möglich in der Schule zu sein.

Am liebsten wäre ich wieder aus dem Schulgebäude hinausspaziert. Ich hatte den Eindruck, wie in Zeitlupe zu gehen, so langsam lief ich den Gang entlang, der zum Geschichtsraum führte. Dann wurde mir bewusst, wie das auf meine neuen Mitschüler wirken musste: Der Angsthase aus Deutschland kam. Also riss ich mich zusammen und lief powackelnd, Bauch rein, Brust raus, zu einem imaginären Hip-Hop-Song auf die Klassentür zu. Ich hatte mir extra einen Kaugummi in den Mund gesteckt, um möglichst cool und lässig darauf herumkauen zu können.

Vor dem Abflug war ich noch zum Friseur gegangen, hatte mir meine schulterlangen Haare auf Kinnlänge abschneiden lassen und schwarz gefärbt. Ich sah jetzt aus wie Rihanna, nur eben die hellhäutige Variante.

Heute Morgen hatte ich ein weißes Haarband genommen, was zu den schwarzen Haaren wirklich klasse aussah. Dazu mein weißes Kapuzenshirt und Jeans mit weißen Nikes. In *good old Germany* hatte ich nicht so viel Zeit mit meinem Outfit verbracht, aber ich fürchtete, dass im hippen New York mehr Wert auf Äußerlichkeiten gelegt würde. Und ich hatte recht: Als ich durch die Tür trat, wuselten lauter Schüler durch die Klasse, die geradewegs *High School Musical* entsprungen sein könnten. Ich kam mir schlagartig vor wie eine graue Maus.

Als ich nicht, wie die anderen offenbar erwarteten, die Klasse wieder verließ, weil ich mich in der Tür geirrt haben könnte, legte sich der Lärm langsam, bis plötzlich niemand mehr etwas sagte und alle mich anstarrten.

"Hi, I'm Nina", sagte ich und ärgerte mich im selben Augenblick, dass mir nichts Intelligenteres eingefallen war. War wohl wirklich nicht schlau, es sagte noch immer niemand einen Ton.

Hinter mir hörte ich jemanden schnell den Gang hinunterlaufen. Ein Mädchen schob sich neben mir durch die Tür. Sie hatte einen coolen Hut auf, so einen, wie Justin Timberlake ihn trug, und sah irritiert in die schweigende Menge.

"Haven't you ever seen a girl before?", fragte sie die anderen. Dann drehte sie sich zu mir und strahlte mich an. "You're new?"

"Right. I'm Nina, from Berlin."

myself mich

"Cool, deutsche Verstärkung! Setz dich zu mir!" Sie zog mich zu einem freien Platz.

Und dann switchte sie auch sofort auf Englisch um: "Oh, sorry! I haven't introduced **myself**. I'm Louise

Martens from Munich, but everyone here calls me Izzy."

folks *(AE)* Leute
to pledge schwören

Zieht den Bayern die Lederhosen aus, war das Erste, was mir zu Izzys Offenbarung einfiel. In unserer Klasse hatten Bayern-München-Fans keinen einfachen Stand gehabt. Zum Glück sprach Izzy so gut wie akzentfrei. Und eigentlich war mir das auch egal, aber alle hatten immer beim Bayern-Bashing mitgemacht, wenn es um Fußball ging. Just for fun, sozusagen.

Ich hatte keine Gelegenheit, weiter an zu Hause zu denken, weil in diesem Moment ein Mann die Klasse betrat und alle Schüler aufstanden.

"That's Mr Fisher", zischte Izzy mir zu, aber das hatte ich mir beinahe gedacht, denn auf meinem Stundenplan stand sein Name neben *American History*.

"Good morning, **folks**!", tirilierte Mr Fisher gut gelaunt. Sein Publikum erwiderte höchst lahm: "Good morning, Mr Fisher."

Mr Fisher mochte Anfang dreißig sein. Er hatte ein spitzbübisches Gesicht mit braunen Knopfaugen und einer viel zu großen Nase. Und er grinste unentwegt.

Natürlich ließ er uns zunächst den Fahneneid schwören, wie es an jedem Morgen üblich war. Diesen Treueschwur, den *Pledge of Allegiance*, hatte ich bereits in Berlin durch Debbie kennengelernt, die uns allerlei zum amerikanischen Schulsystem erklärt hatte.

Eines Tages hatte sie uns den Treueschwur vorgeführt, und ich war erstaunt, wie viel Gefühl in ihrem Vortrag gelegen hatte. Der Wortlaut war mir also vertraut, und ich konnte problemlos mitsprechen: "I **pledge alle-**

giance to the flag of the United States of America, and to the **republic** for which it stands, one nation under God, **indivisible**, with **liberty** and **justice** for all."

Im Gegensatz zu damals musste ich mir das ***star-spangled banner*** diesmal nicht vorstellen. Die amerikanische Flagge befand sich gut sichtbar neben der Tafel, wie in jedem nordamerikanischen Klassenraum.

Nachdem dieser Punkt der Tagesordnung erledigt war, ging Mr Fisher die Klassenliste durch. Offenbar hatte ihm noch niemand gesagt, dass ich neu hinzugekommen war, denn ich wurde nicht aufgerufen.

"We have a new girl, Mr Fisher", rief Izzy und deutete auf mich. "Nina from Berlin, Germany!"

"Oh, welcome to our school, Nina", rief Mr Fisher erfreut. "Maybe you can tell us about German history sometime!"

Das hatte mir gerade noch gefehlt. Ich lächelte nur, nannte Mr Fisher meinen vollständigen Namen, damit er ihn in seiner Liste eintragen konnte, und blieb den Rest der Stunde stumm. Schließlich musste ich mir erst einmal ein Bild von den anderen Schülern machen. Wir würden zwar nicht alle Fächer gemeinsam haben, da zum Teil unterschiedliche Kurse angeboten wurden, aber es wäre sicher hilfreich, mir von Anfang an Namen, Gesichter und Eigenarten einzuprägen. Damit hatte ich es nämlich nicht so, und es wäre peinlich, wenn mich auf dem Gang jemand freundlich grüßte und ich mich nicht einmal erinnern könnte, ob ich gemeinsamen Unterricht mit ihm hatte.

allegiance Treue
republic Republik
indivisible unteilbar
liberty Freiheit
justice Gerechtigkeit
star-spangled banner Sternenbanner

Leider war das gar nicht so einfach. Izzy half mir, indem sie ungefragt Hintergrundinformationen über die anderen lieferte: “Look over there. The **pale** girl with long brown hair is Amanda. She's from the **Midwest**.” Dann zeigte sie auf das Mädchen, das mir gegenüber saß: “Leilani is from Maui, Hawaii; Akiko, the girl sitting next to her, is from Japan – so is Yoshihiro, the boy over there in the first row.”

Izzy holte tief Luft und fuhr fort: “Carlos' parents are immigrants from Mexico, so he's what we call a **Latino**.”

Latinos, so werden die nach Amerika eingewanderten Mexikaner und ihre Nachfahren, die *Mexican Americans* genannt, das hatte Dad mir schon erklärt.

pale blass
Midwest Mittlerer Westen
Latino Amerikaner lateinamerkanischer Abstammung

Zwei Chinesen saßen auch im Kurs: Yanyu hatte witzige Zöpfe und Pausbacken. Dao saß neben Yoshi, und dabei fiel mir zum ersten Mal auf, wie unterschiedlich Japaner und Chinesen aussehen können. Beide Jungs hatten mandelförmige Augen, aber die Augen hatten eine völlig andere Stellung und auch die Hautfarbe war unterschiedlich. Nur die Haare waren bei beiden schwarz. Yoshihiro trug allerdings lange Ponyfransen über einem Auge, und eine der Strähnen war rot gefärbt.

Jamal war schwarz, Kyle und Rachel ebenfalls. Tyler war indianischer Abstammung. Das hätte mir Izzy gar nicht verraten müssen, denn er trug es stolz zur Schau. Mit überschulterlangen schwarzen Haaren und der typischen Gesichtsfarbe sah er aus wie Abahachi aus

Der Schuh des Manitu. Sogar ein Stirnband trug er; allerdings war es nicht *traditional* sondern von Nike.

"Tyler's kind of annoyed that his parents gave him an ordinary American name. He never stops telling us that his grandfather's name was Geronimo, like the last chief of the Apaches. So we sometimes call him 'Man with **Sacred** Name', because that's exactly what Geronimo means."

sacred heilig

Über all den gewisperten Erklärungen hatte ich von amerikanischer Geschichte nicht viel mitbekommen. Nicht, dass ich wahnsinnig wild darauf gewesen wäre, mehr davon zu erfahren, doch ich hoffte trotzdem, dass die Ablenkung nicht pausenlos weiterginge, denn wenn ich schon an einer New Yorker Schule war, die wie alle amerikanischen Schulen in dem Ruf stand, ein niedrigeres Niveau zu haben als deutsche Schulen, dann wollte ich meine Sache auch gut machen und so viele A's wie möglich nach Hause bringen. Schließlich hatte ich die Hoffnung nicht aufgegeben, eines fernen Tages nach Berlin zurückkehren zu können. Auslandserfahrung war in Deutschland immer gefragt, aber ich wollte dann auch die bestmögliche Ausbildung haben. Spießig, stimmt. Aber an irgendetwas musste ich mich festhalten können, wo ich mich grad doch schon völlig entwurzelt fühlte.

"That's funny", sagte ich, um überhaupt etwas zu sagen.

Doch Izzy schien meine Einsilbigkeit – oder sollte ich besser sagen: Nullsilbigkeit? – gar nicht aufzufallen, denn sie fuhr mit ihren Erklärungen fort: "Over by the window, that's Zach, and on his right is Will. Usually Leroy sits between them, but he's sick. He hasn't been at school for **several** days", erklärte Izzy. "We all think he's **perfectly** fine, and that he's just doing some kind of deal, if you know what I mean. He's the coolest boy in town, but I think he**'s mixed up with drugs** or something. **Whatever** it is, he makes a big secret out of it." Sie packte ihre Sachen zusammen, denn es war Zeit, den Raum zu wechseln.

"He plays in our school lacrosse team but he often misses **practice**. If he wasn't the best player on the team, the trainer **would have** dropped him **ages ago**."

several mehrere
perfectly vollkommen
to be mixed up with sth in etw verwickelt sein
drugs Drogen
whatever was auch immer
practice Training
would have hätte
ages ago schon längst
stick Schläger
pitch Spielfeld
to come along mitkommen
might werde vielleicht
to take a look zuschauen

"Lacrosse? I've never heard of it. I know schools have teams for football, baseball, even soccer, but I've never heard of lacrosse."

"It's like chasing butterflies!" Izzy lachte. "You have to catch the ball with a special kind of **stick**, and then run up the **pitch** to score. I play lacrosse, too. Why don't you **come along** to our next practice?"

"I **might** come and **take a look**."

Es klang ziemlich seltsam, was Izzy erzählte, also wollte ich lieber erst einmal zusehen, was da eigentlich veranstaltet wurde, bevor ich mich verpflichtete, irgendetwas mitzumachen. Nicht, dass ich mich am Ende bis auf die Knochen blamierte. Als Neue sollte man nicht gleich negativ auffallen. Schließlich konnte es sein, dass ich mein gesamtes Schulleben hier an der Schule verbringen würde – was ich natürlich nicht hoffte. Auch wenn ich mich wiederhole: Ich konnte mir beim besten Willen nicht vorstellen, nie wieder in Berlin zu leben.

Izzy hatte mich inzwischen in den nächsten Raum mitgenommen, wo schon der Physiklehrer wartete. Und Physik hatte ich schon in Deutschland nicht verstanden.

So schaltete ich während des Unterrichts innerlich ab und formulierte in Gedanken schon die Mail, die ich Britt später schreiben würde:

Dear Britti-Mouse,

I'm not going to **let you off** reading English, at least! If we can't have our English lessons **face to face**, I'll just have to practise with you by mail.

> **to let sb off sth**
> jdm etw erlassen
> **face to face**
> Auge in Auge
> **sunset**
> Sonnenuntergang

So, let's start with the view. From my bedroom window I have the most amazing view of Manhattan Island. If I want to go to Manhattan, I just walk over the Williamsburg Bridge and I'm there in twenty minutes.

Our house has three floors, and we live on the third floor. Brooklyn has no skyscrapers, like the ones in Manhattan. In fact, many buildings here aren't higher than two or three floors.

My room is nearly twenty square meters, and I can watch the **sunset** every day. We have a giant living room with an open kitchen. And in the kitchen there's a **refrigerator** so big you could **move in** and live there ;-) It's a typical American refrigerator that gives you crushed ice from a **dispenser** in the door, **whenever** you want some.

In our living room, one wall is made of glass: windows and glass doors from ceiling to floor, leading onto a small **roof terrace**. I think my next project will be to plant some flowers.

But none of these things can **make up for** you and Konrad not being **around**. I miss you both so much it hurts.

I**'ve made friends with** a girl at school called Izzy (real name Louise). She's nice, but **kind of** different. No big surprise there, because she's from Munich! At least she's not a Bayern München fan :-)

And the REST of the class – well, I don't really know yet. I have to **get to know** them better, maybe then I can tell you more.

How are you doing back in good old Germany? Missing me?

Write back soon!

Love

Nina

refrigerator Kühlschrank
to move in einziehen
dispenser Spender
whenever wann immer
roof terrace Dachterrasse
to make up for sth etw ausgleichen
around da
to make friends with sb sich mit jdm anfreunden
kind of irgendwie
to get to know kennenlernen

The Mugging

So ganz fand ich mich in dem großen Schulgebäude noch nicht zurecht, was mit daran lag, dass Izzy offenbar genau dieselben Kurse belegt hatte wie ich, und ich mir deshalb die Wege gar nicht merken musste. Sie schleppte mich überallhin mit, auch in die Mensa. An der Essenausgabe holten wir uns eine Scheibe Fleisch, Kartoffeln und Brokkoli ab und suchten uns einen freien Platz.

"The food is quite good. I was afraid it would**n't** taste of **anything**." Ich mümmelte den Brokkoli in mich hinein. "But it's so loud in here – it's **deafening**! Everyone's talking and talking, and then you've got the **clatter** of dishes and the **loudspeaker announcements** by the **principal** ... It sounds silly, but the first time I ate in here I got a bad headache."

mugging Raubüberfall
not anything nichts
deafening ohrenbetäubend
clatter Geklapper
loudspeaker Lautsprecher
announcement Durchsage
principal Schuldirektor(in)

Überhaupt konnte man sich in dieser Schule nirgendwohin zurückziehen. Überall wuselten Schüler herum. Knapp zweitausend waren wir an dieser Highschool – da gab es kein Entrinnen. Und Izzy sorgte sowieso dafür, dass ich nicht lange alleine blieb, so froh war sie, endlich eine Deutsche um sich zu haben. Obwohl sie weiterhin tapfer englisch mit mir sprach.

"Do you want to come to my house?", fragte sie mich,

als wir Schulschluss hatten. "It's just three blocks from here."
Ich hätte mich zwar gerne ein wenig ausgeruht, doch sie sah mich so bettelnd an, dass ich ihr den Wunsch nicht abschlagen mochte. Ob heute, morgen oder an einem der nächsten Tage, das war ohnehin egal.
Also trottete ich mit ihr mit. Vor einem Fabrikgebäude blieb sie stehen und zückte ihren Schlüssel. Ich sah sie fragend an.
"We live in a loft, my dad and I. He's an artist."
Izzy hielt mir die Tür eines Lastenfahrstuhls auf, der bald darauf quietschend und ächzend in das fünfte Stockwerk fuhr, nachdem sie einen Schlüssel benutzt hatte, der in ein Schlüsselloch neben der 5 passte.
Wohl fühlte ich mich in dem Aufzug nicht, doch das dreckige Ding spuckte uns ohne Zwischenfälle wieder aus.
Als wir den Fahrstuhl verließen, standen wir mitten in Izzys Wohnung.
"Wow! This is the most **enormous** apartment I've ever seen! Don't you have any walls in here?"

enormous riesig

Izzy und ihr Vater bewohnten eine komplette Fabriketage. Putz oder gar Tapeten gab es nicht. An den nackten Backsteinen der alten Fabrik hingen Dutzende farbenprächtiger Bilder.
"My father painted them all." Izzy war ganz offensichtlich schrecklich stolz auf ihn.
Das Atelier ihres Vaters befand sich in einer Ecke dieses riesigen Raumes. Große Dachfenster sorgten dort für das beste Licht zum Malen. Überhaupt war es sehr

hell in dem Loft, denn es gab nur an einer Wand keine Fenster, und das war die Wand mit dem Fahrstuhl. Der Boden bestand aus hellgrauem Beton; lediglich die Stelle, an der sich offenbar das Wohnzimmer befand, war von einem Teppich bedeckt. Die Wohninseln wirkten allesamt ein wenig verloren in der Weite des Raumes.

Die Aussicht ähnelte der aus meinem Fenster, nur konnte man mehr sehen, weil die Fensterfront breiter war.

"I'll show you my room!" Izzy winkte mich um die Ecke der Fahrstuhlwand. Dort waren zwei Zimmer abgetrennt: Izzys Zimmer und das Schlafzimmer ihres Vaters.

"It's my pink and yellow dream", sagte Izzy, bevor ich durch die Tür ihres Zimmers getreten war, und sie versprach wahrlich nicht zu viel: Alles in dem Raum war entweder rosa oder gelb. Damit man nicht völlig erschlagen wurde, waren die Wände verputzt und weiß gestrichen, und die meterlangen Regale strahlten ebenfalls weiß.

Mein Blick fiel auf ein Regal, das über und über mit weißen Kätzchen bestückt war: "Oh, you collect *Hello Kitty*? The little sister of my best friend in Berlin has a collection, too."

Sophie hatte tatsächlich ein paar von den Kätzchen, aber Izzys Sammlung stellte alles in den Schatten. Sie schien auch nicht im Mindesten davon beeindruckt zu sein, dass ich ihr durch die Blume sagen wollte, dass diese Figur wohl eher etwas für kleine Mädchen war und nicht für Fünfzehnjährige. Und schon gar nicht für

solche, die sich im Street-Dance-Look kleideten und älter aussahen, als sie wirklich waren.
Doch sie wischte alle Bedenken beiseite: "*Hello Kitty* is very popular in America. Even adults collect them. Look, I got a toaster for my birthday!"
Sie hielt mir einen weißen Toaster hin, auf dem das Katzengesicht in Pink aufgedruckt war.
"Are you hungry?"
Sie wartete keine Antwort ab, sondern klemmte sich den Toaster unter den Arm. Ich musste ihr wieder folgen.
"Okay, but I have to call Mom if I'm going to stay here longer."
Auf dem Weg in die Küche wählte ich unsere Nummer.
"Hi Mom. I'll be home a bit late. I'm visiting Izzy ... You know, I told you about her. Izzy from Munich." Mom war wohl gerade mit ihren Gedanken woanders. "No, I'm not visiting her in Munich! She lives in Brooklyn. See you later, Mom!"
Ich hatte mir vorgestellt, dass Künstler nicht viel verdienten, doch Izzys Vater schien ganz gut im Geschäft zu sein, denn die Küche sah nach Hightech aus.
Izzy stöpselte den Toaster in die Steckdose, befüllte ihn und hielt mir kurz darauf triumphierend zwei Toasts vor die Nase, auf denen das Abbild der kleinen Katze eingeröstet war.
"**Oh my gosh!**", entfuhr es mir. Ich musste zugeben, dass ich das Viech niedlich fand, doch meine Toasts esse ich lieber ganz normal.

Oh my gosh! Mensch!

Ich tat einfach nur Butter drauf, aber Izzy verkleisterte

das Kätzchengesicht mit einer dicken Schicht Erdnussbutter. Natürlich gab es in dieser Küche genau so einen Kühlschrank, wie wir ihn hatten, also tranken wir eisgekühlte Cola zu den Toasts, von denen wir noch einige mehr verspeisten.

"I'm not **fanatical** about always eating **healthily**, but I couldn't eat this much **junk food** for more than a few days." Ich war pappsatt von dem Zeug.

"My mom died a few years ago", sagte Izzy ohne Vorwarnung, während sie ihren vierten *peanut butter toast* mampfte. "So we **moved** from Munich to New York. Dad didn't want to be **reminded** of the good times we had with her in **Bavaria**. And of course it meant he was able to **fulfil** his dream of living in New York. My mother would never have left Munich. Why did you come to the Big Apple?"

Weil man mich gezwungen hat, dachte ich grimmig, mochte mich Izzy gegenüber jedoch dazu nicht äußern.

"My dad's a professor of urban planning, and he got offered a job at Columbia. He was born in the USA. I think he's **glad** to be back home."

"**What about** you?", wollte Izzy sofort wissen. "Do you like it here?"

Ich zögerte.

"Sure. It's a great city. But I miss my friends. Did you have a boyfriend in Munich?"

"No. **Luckily**. I would have cried for weeks if I'd had to leave him."

fanatical fanatisch
healthily gesund
junk food Junkfood
to move umziehen
to remind sb of sth jdn an etw erinnern
Bavaria Bayern
to fulfil erfüllen
glad froh
what about was ist mit
luckily zum Glück

Sie sah aus dem Fenster.
"Actually, no. I *did* cry for weeks when my mother died. I couldn't have cried any more than that."
Offenbar um die unangenehmen Erinnerungen abzuschütteln, fragte sie mich, ob sie mich nach Hause begleiten sollte. Es war schon relativ spät und ich musste mich ohnehin bei meinen Eltern blicken lassen. Izzys Vater war bei einer Ausstellung und sie würde anschließend ebenfalls dorthin gehen.
Als wir den quietschenden Aufzug ein weiteres Mal verlassen konnten, ohne stecken geblieben zu sein, liefen wir die Grand Street entlang. Von dort aus war es nicht mehr weit zu uns.
"Oh! Quick, let's cross the road", sagte Izzy mit einem Mal und wollte mich auf die gegenüberliegende Straßenseite lotsen, aber ich schaltete zu langsam. Ein Hüne mit olivfarbigem Teint und kantigem Gesicht baute sich vor uns auf, bevor ich noch wusste, was geschah.
"Got any **spare change**, ladies?", dröhnte er uns an und wollte nach meiner Schultasche greifen.
"Hey, lass das!", sagte ich reflexartig auf Deutsch, so wie ich das in Berlin auch getan hätte.

spare übrig
change Kleingeld
What's up? Was ist los?

Der Riese kicherte in einer seltsamen Tonlage, und zwei seiner Kumpels, die sich anscheinend in einem Hauseingang versteckt gehalten hatten, kamen ihm zu Hilfe. Das wäre jedoch nicht notwendig gewesen, denn der Kerl sah alleine schon furchterregend genug aus.
"**What's up**, Ramon?"

chick Tussi
wanna (= want to) will
to rule herrschen
asshole *(AE)* Arschloch
used to go ging früher
to drop out (die Schule) abbrechen
arrested verhaftet
to intimidate einschüchtern
cellphone *(AE)* Handy

"This **chick** doesn't **wanna** give her money to nice little Ramon."

Die anderen schüttelten die Köpfe, als sei dies ganz und gar ein Ding der Unmöglichkeit.

Der Typ, den sie Ramon nannten, kam mit seinem Gesicht ganz nah an meines. Er hatte eine Narbe quer über der linken Augenbraue.

"If I want your money, I get your money. Anything Ramon wants, Ramon gets. Understand? Ramon **rules**!"

Ramon musste kürzlich eine halbe Knoblauchplantage mit Bier hinuntergespült haben, jedenfalls nahm es mir schier den Atem. Izzy stand ein wenig abseits, hielt jedoch die Stellung, während die drei Kerle sich rund um mich aufbauten.

"I've got something you want, **asshole**!", rief plötzlich jemand hinter mir. Ein Schwarzer auf einem Fahrrad hielt ein kleines Päckchen in die Luft, als er an uns vorbeibrauste. In Nullkommanichts war ich offensichtlich nicht mehr interessant genug und die drei Jungs rannten dem Radfahrer hinterher.

Bald waren sie nicht mehr zu sehen. Erst jetzt bemerkte ich, wie sehr meine Beine zitterten.

"That was Ramon", sagte Izzy überflüssigerweise, denn das hatten die Kerle ja oft genug gesagt.

"Ramon **used to go** to our school, but he **dropped out**. He's been **arrested** a few times by the police. He steals stuff, and he likes **intimidating** people. He stole my **cellphone** once."

"You should have warned me", sagte ich vorwurfsvoll.
"I tried to, but it was too late. **By the way**, the guy who **saved your ass** was Leroy."
"The boy on the bike with cornrows in his hair? I couldn't see his face."
"You'll see it in school. He**'s** really **a looker**!"
"Even if he was **ugly** as **sin**, I'd still be **grateful** to him for **coming to my rescue**."

by the way übrigens
to save sb's ass *(AE)* jdm den Arsch retten
to be a looker gut aussehen
ugly hässlich
sin Sünde
grateful dankbar
to come to sb's rescue jdm zu Hilfe kommen

Lacrosse – No Escape

Meinen Eltern erzählte ich vorsichtshalber nichts von dem kleinen Zwischenfall. Sie würden mich sonst möglicherweise nicht mehr ohne Bewachung auf die Straße lassen, und das hätte mir gerade noch gefehlt. Stattdessen schrieb ich eine Mail an Konrad. Vielleicht meldete er sich ja bald, denn auf meine Mail an Britt hatte ich noch immer keine Antwort bekommen.

Dear Konrad,
I miss you so much! Okay, we've got a great apartment here in Brooklyn and my classmates seem to be very nice, but I'm so lonely without you. And I**'m longing to** talk to you, Britt and the others. I really need someone to talk to. I **was** nearly **mugged** today. This huge guy came up to me and asked me for some change, like **homeless people** usually do, but he's a member of a street gang or something. He grabbed my bag and two other guys joined him. I was so scared with these three guys **surrounding** me. I was really lucky that another boy **cycled** past, and they obviously

escape Entkommen
to long to do sth sich danach sehnen, etw zu tun
to mug sb jdn auf offener Straße ausrauben
homeless people Obdachlose
to surround umgeben
to cycle radeln

had a **bone to pick with** him, because they chased him **instead**.

to have a bone to pick with sb mit jdm ein Hühnchen zu rupfen haben
instead stattdessen

Ich überlegte kurz, ob ich schreiben sollte, dass der Retter in meiner Klasse war, ließ es aber bleiben. Es kam mir nicht richtig vor.

I hope this doesn't happen again.
What's going on in Berlin? Have you all forgotten me already? Britt hasn't answered my mail yet. Tell her I'm waiting to hear from her.
I love you!
Nina

Ich las mir alles noch einmal durch und stellte fest, dass ich versehentlich auch Konrad auf Englisch geschrieben hatte. Ich wollte aber nicht alles wieder ändern. Er würde es trotzdem verstehen. Ich klickte auf "Senden" und hoffte auf baldige Antwort.

Am nächsten Tag war Leroy wieder in der Schule. Mit keinem Wimpernschlag ließ er erkennen, ob er wusste, wer ich war, und dass er mich gestern vor diesem Ramon gerettet hatte.
Ich hatte jedoch während der Biostunde Gelegenheit, ihn mir genauer anzusehen.
Sein Gesicht war schmal und er trug offenbar ständig eine Sorgenfalte auf der Stirn spazieren. Die Cornrows – viele kleine schwarze Zöpfchen, direkt auf der Kopfhaut zu Reihen geflochten – standen ihm gut. Ich tippte darauf, dass seine Mutter ihm die Frisur flocht. Viel-

leicht würde ich mich irgendwann trauen, ihn danach zu fragen. Insgesamt wirkte er durchtrainiert, cool und abweisend. Ich würde Izzy gelegentlich über ihn ausquetschen.
Kaum hatte ich das gedacht, hatte ich auch schon ein schlechtes Gewissen. Leroy gefiel mir, das musste ich einfach zugeben, aber in Berlin wartete Konrad auf mich.
Tat er das wirklich? Ich dachte an Britt und Chris. Sie hatten ihre *San Francisco Love Affair* nicht einmal über ein einziges Jahr retten können. Als Chris nach Berlin kam, mussten sich beide eingestehen, dass so eine Long-distance-Beziehung nicht funktionierte. Sie hatten sich entfremdet und ihre Gefühle füreinander waren nicht mehr dieselben. Wenn man den Alltag nicht teilen konnte, war es auch schwierig, nach langer Zeit die schönen Stunden zu genießen.
Ich wusste nicht, ob ich überhaupt je wieder nach Berlin fliegen würde. Vielleicht könnte ich aus der Ferne mit Konrad befreundet bleiben, aber eine Liebesbeziehung, bei der man sich *nie* sieht – wie sollte das gehen?
Ich war mit einem Mal ziemlich traurig und hatte gar nicht mitbekommen, dass Mrs Fletcher, die Biolehrerin, mich offenbar nach Risikofaktoren menschlicher Gesundheit gefragt hatte. Izzy musste mich erst anstupsen und mir die Frage ins Ohr raunen.
"Love", sagte ich, weil ich mit meinen Gedanken noch bei Konrad war, und erntete prompt Gelächter von Mrs Fletcher und meinen Mitschülern. Immerhin sah Leroy mich zum ersten Mal direkt an.

"Yes, Nina, sometimes love can be **risky**", sagte Mrs Fletcher grinsend. "Anything else you want to tell us about?"
Ich spürte die Hitze in meinem Gesicht aufsteigen und sagte tapfer: "**Alcohol**, drugs and **cigarettes**." Hoffentlich hatte niemand vor mir schon etwas davon gesagt, sonst war klar, dass ich während dieser Unterrichtsstunde überhaupt noch nicht zugehört hatte. Doch Mrs Fletcher nickte und schien zufrieden zu sein.
"That was lucky!" Izzy kicherte. "You weren't listening at all, were you?"
Glücklicherweise war die Stunde bald vorüber.
"Don't forget about **lax** practice this afternoon!", erinnerte Izzy mich.
Ich hätte mich gerne gedrückt, doch nicht nur Izzy hielt es für eine gute Idee, mich zum Training zu schleifen. Akiko war neben uns aufgetaucht und hatte unsere Unterhaltung mitbekommen.
"Oh, you want to join our lax team? Great idea! We need good players!"
"I don't want to join the team, I just want to watch. Maybe I'll decide later **whether** I can see myself playing lacrosse."
"**Bullshit**! Start right now – you'll see, it's great fun!" Dann senkte sie ihre Stimme. "And before that, we'll go and watch the boys' team practice!" Dann lachte sie sich halb tot, Izzy stimmte ein und auch ich wurde angesteckt.

risky riskant
alcohol Alkohol
cigarette Zigarette
lax (=lacrosse) Lacrosse
whether ob
bullshit Quatsch

"Okay, you**'ve convinced** me. I'll join. But if I don't like it, I'll **quit**."

"You won't quit, believe me!", sagten die beiden gleichzeitig, und somit war ich also überstimmt und hatte gar keine Chance mehr, Lacrosse doof zu finden. Obwohl ich immer noch keinen blassen Schimmer davon hatte, was mich eigentlich erwartete.

to convince überzeugen
to quit aufgeben
You're welcome. Gern geschehen.
professional professionell
guardian angel Schutzengel

Nicht einmal mit fehlenden Sportsachen konnte ich mich herausreden, da ja alles in meinem Schulschrank steckte. Jeder Schüler bekam seinen eigenen *locker* zur Verfügung gestellt, und auch ich hatte inzwischen einen Schlüssel bekommen. In endlosen Schlangen waren diese Schränke an den Schulfluren aufgereiht und meiner trug die hübsche Zahl 333.

Als ich davorstand, um ihn zu öffnen, fiel mein Schlüssel zu Boden. Noch bevor ich mich danach bücken konnte, hielt ihn mir schon jemand vor die Nase. Mein Blick wanderte an der helfenden Hand entlang, den Arm hoch und schließlich blickte ich in Leroys Gesicht. Zum ersten Mal war seine Stirn nicht sorgenvoll zerfurcht, ja, er lächelte beinahe.

"Thanks", sagte ich, weil ich nicht wusste, was ich sonst sagen sollte.

"**You're welcome**, lady", antwortete er und zwinkerte mir zu. "You should watch out when you're on the street. You never know who you might meet. I'm not a **professional guardian angel**, you know – I can't always be there to save you." Und schon legte er seine

Stirn wieder in Falten. Doch diesmal schien seine Sorge mir zu gelten, oder bildete ich mir das nur ein? Jedenfalls wusste ich nun, dass er mich wiedererkannt hatte.
Er tippte zum Abschied die Hand an die Schläfe, als wenn er einen militärischen Gruß andeuten wollte, hob die Trainingstasche auf, die neben ihm auf dem Boden stand, und trollte sich.
Offenbar war er auch auf dem Weg zum Sportplatz, und das erinnerte mich wieder daran, weshalb ich eigentlich meinen Schrank aufschließen wollte.
Ich holte mein Sportzeug heraus, stopfte die anderen Sachen hinein und ließ dabei die Szene auf der Straße noch mal in Gedanken ablaufen. Dabei fiel mir dieses weiße Päckchen wieder ein, das Leroy in der Hand gehalten hatte. Weiße Päckchen bedeuteten in amerikanischen Spielfilmen immer Drogen, meist Kokain. Aber das hier war kein Spielfilm, sondern das echte Leben. Und wer wäre im wirklichen Leben schon so dumm, Drogen in einem Paket mit sich herumzutragen, das so deutlich nach Drogen aussah, dass man ebenso gut *drugs* hätte draufschreiben können?
Ich schüttelte den Kopf und machte mich ebenfalls auf den Weg zum Sportplatz. Aber wenn es keine Drogen waren, wieso war dieser Ramon auf einmal so wütend hinter Leroy hergerannt? Oder hatte Leroy ihm irgendetwas anderes gestohlen? So oder so, ganz legal war die Sache offenbar nicht, und das stimmte mich traurig, denn ich glaubte, dass Leroy eigentlich ein netter Kerl war. Und – Konrad mochte mir verzeihen – er sah wirklich verdammt gut aus.

to sneak off sich davonschleichen
to get changed sich umziehen
playing field Spielfeld
protection Schutz

In der Umkleidekabine des Sportplatzes warteten schon Akiko und Izzy auf mich.
“We were looking for you. We thought you might have **sneaked off** back home.”
Ich grinste. “What about the boys’ lacrosse practice?”, fragte ich.
“**Get changed** and we’ll go. They’re on the other **playing field**.”
Izzy und Akiko waren bereits umgezogen. Auf der Bank neben ihnen lagen eine überdimensionale löcherige Suppenkelle und eine seltsame Brille. “Here, you’ll need these”, sagte Izzy und reichte mir die beiden Sachen.
“This one is for catching the ball.” Sie zeigte auf die Kelle. “And this is for **protection**.” Die Brille war offenbar ein Gesichtsschutz, wie Akiko mir demonstrierte. Sie sah lustig damit aus.
“Seems to be a very dangerous sport.” Ich war mir wirklich nicht sicher, ob es mir gefallen würde.
Anstelle einer Antwort lachten Izzy und Akiko und bedeuteten mir, ihnen zu folgen. Ich band mir rasch noch die Schuhe zu, schnappte meine Ausrüstung und lief hinter ihnen her.
Das Training musste gerade erst begonnen haben. Die Ausrüstungen lagen am Seitenrand des Feldes, während der Trainer die Laxer noch quer über den Platz scheuchte. Hin und her, hüpfend, rückwärts – offenbar machten sie sich gerade erst warm.
Es waren einige Jungen aus meinen Kursen dabei.

Zum Beispiel Tyler, der Indianer, der soeben direkt vor uns am Spielfeldrand entlangkeuchte.
“This game was invented by Native Americans”, sagte Akiko hinter mir. “They called it *baggataway* and played it to prepare for **war**. The playing field was several square miles wide, and hundreds of people played on each side.”
Ich staunte. “That must have been chaos.”
“We don’t know. We weren’t there”, sagte Akiko und kicherte. Akiko kicherte ziemlich häufig.
“In the sixteenth century a French **missionary came across** baggataway, made the playing field smaller, added some rules and **protective clothing**, and called it lacrosse. The name comes from the French word *la crosse*, because the stick looks a bit like a bishop’s cross.”
Aha. Nun wusste ich Bescheid. “But if Native Americans invented the game, I’m surprised *our* Native American is **in such bad shape**.”
Tyler war zwar der beste Spieler auf dem Platz, wirkte aber trotzdem, als würde er demnächst ein Sauerstoffzelt benötigen.
“He’s only half Native. The other half is Irish.” Akiko amüsierte sich prächtig über ihren Witz. Süß war sie ja irgendwie, die kleine Kichermaus.
Tyler war also Indianer und Ire. Das war wirklich eine seltsame Mischung. Offenbar war in Amerika alles möglich, und ganz besonders in New York City, dem **melting pot**.

war Krieg
missionary Missionar
to come across sth auf etw stoßen
protective clothing Schutzkleidung
such so
in bad shape in schlechter Form
melting pot Schmelztiegel

Doch Tyler, Will, Tony und die anderen interessierten mich nur am Rande. Ich beobachtete Leroy und merkte, dass ich tatsächlich drauf und dran war, mich in den Kerl zu verknallen.
"When does our practice start?", wollte ich wissen, weil ich es für besser hielt, nicht länger hier herumzustehen und mich sehenden Auges komplett ins Gefühlschaos zu stürzen.
"In about ten minutes. We've got **plenty of** time."

plenty of reichlich

Wie um ihre Worte zu unterstreichen, nahm Izzy einen Apfel aus ihrer Tasche und biss genüsslich hinein. Ich wollte aber wirklich von hier weg.
"Please, could we go now? You can show me some of the things I need to know about the game."
"Okay, if you don't want to look at Leroy's ass any longer", witzelte Izzy und wandte sich mit den anderen dem Ausgang zu. Schlagfertig war ich leider noch nie, vor allen Dingen, wenn ich mich ertappt fühlte. Und so trottete ich hinter den anderen her, die sich im Gehen die Hartgummibälle zuwarfen und mit den Suppenkellen wieder auffingen.

A Green Day

Am nächsten Tag war Wochenende und ich war für meine Verhältnisse sehr früh wach. Trotzdem kam ich kaum aus dem Bett: Mir tat alles weh. Das Aufwärmtraining allein war für eine Konditionskrücke wie mich schon furchtbar gewesen, aber die Rennerei hörte danach nicht auf. Ich lernte, dass die Suppenkelle *lacrosse stick* hieß, meist aber einfach nur *crosse* genannt wurde. Bei den Männern sah sie wirklich aus wie ein Schmetterlingsnetz, aber beim *lacrosse stick* der Frauen verwendete man hartes Plastik. Die anderen zeigten mir, wie *checking* ging – dabei schlug man die Schläger aneinander, um der gegnerischen Mannschaft den Ball abzujagen – und wie man die Bälle mit dem *crosse* am besten fangen konnte. Nicht, dass mir das sonderlich oft gelungen wäre, aber zumindest theoretisch wusste ich nun, wie das Spiel funktionierte.

"There's not a lot of **body contact** in women's lacrosse, so you just need a **mouth guard** and a **face guard**", erklärte die Trainerin. Ich hatte gefragt, weshalb das Jungsteam mit Helmen und dicken Körperpolstern auflief, was ihnen das Aussehen von Footballspielern verlieh, während wir unsere normalen Sportklamotten trugen.

Körperloses Spiel klang schon mal gut. Zum Schluss der Trainingseinheit

body contact Körperkontakt
mouth guard Mundschutz
face guard Gesichtsschutz

gab es dann ein Trainingsspiel, bei dem ich das Erlernte anwenden konnte. Das heißt, ich hätte es gerne getan, doch ständig wurde ich umgeworfen. Einmal bekam ich sogar einen Schläger auf den Kopf und wäre für einen Helm sehr dankbar gewesen, denn das dröhnte ziemlich. Ich hielt mich danach vom Ball fern, um nicht ständig im dichtesten Gedränge herumgeschubst zu werden, aber das war natürlich nicht Sinn des Spiels, und die Trainerin scheuchte mich auch gleich auf: "Run after the ball, **newbie**!"

newbie Neuling

Ich war mir nicht sicher, ob sie meinen Namen falsch verstanden hatte oder ihn sich einfach nicht merken konnte, und mich deshalb immer *Neuling* rief. Mir war es auch egal – ich sehnte mich einfach nur nach dem Schlusspfiff. "Not a lot of body contact" – das war ja ein schöner Witz!
"That was really fun, wasn't it?" Akiko strahlte mich an, aber mehr als ein müdes Lächeln brachte ich nicht zustande. Es würde wohl schwierig werden, den Mädels beizubringen, dass Lacrosse nicht mein Sport war.

Wunderbares Wetter kündigte sich an: Der Blick über Manhattan war gestochen scharf, und ein tiefblauer Himmel ließ die Stadt regelrecht leuchten. Also quälte ich meinen geschundenen Körper aus dem Bett. Erfahrungsgemäß lässt Muskelkater ja irgendwann nach, wenn man sich bewegt, und bei den blauen Flecken musste ich eben aufpassen, dass ich sie nicht berührte.
Ich schlurfte in die Küche, wo Daddy sich gerade an

unserer neuen Espressomaschine zu schaffen machte.
"Want some?", fragte er, bevor er mich in den Arm nahm und mir einen guten Morgen wünschte.
"**Mocha**. With chocolate. Where's Mom?"

mocha Mokka
flowerpot Blumentopf
Are you kidding? Soll das ein Scherz sein?
concrete Beton

"She's out on the terrace, looking to see whether anything is going to grow in her **flowerpots**."
Mom hatte die richtige Aussaatperiode verpasst, aber nichtsdestotrotz hatte sie einige Sommerblumen in Töpfe gesät und Margeriten vom Markt in Blumenkästen gepflanzt.
Daddy und ich setzten uns auf die Terrasse und sahen Mom beim Gießen zu.
"I have to go in half an hour. Do you want to join me and my students?" Daddy nippte an seinem Cappuccino und hatte anschließend einen Bart aus Milchschaum.
"What are you going to do?"
Wenn Dad mit seinen Studenten unterwegs war, wurde es sicher langweilig. Von Stadtplanung hatte ich keine Ahnung. Außerdem war ich gestern genug gelaufen.
"Look for some gardens."
"Where?"
"Over in Manhattan, and in the rest of the city, if we have time." Er deutete in Richtung Skyline.
"Manhattan? **Are you kidding?** The only things growing over there are skyscrapers! There's **concrete** everywhere you go."

Daddy lächelte. "Did you ever hear about guerrilla **gardening**, or **community gardens**?"
Ich schüttelte den Kopf. Natürlich nicht, wie sollte ich auch? Guerillas kannte ich nur vom Hörensagen. Es hatte mit Krieg zu tun und Anschlägen aus dem Hinterhalt. Das sagte ich ihm, und er grinste.
"Not war. Or maybe just a war against concrete. Guerrilla **gardeners** only throw **seed bombs**."
Ich verstand nur Bahnhof, doch meine Neugier war geweckt. Nachdem ich beschlossen hatte, Daddy trotz meines Muskelkaters auf seiner seltsamen Tour zu begleiten, erklärte er mir unterwegs, was es damit auf sich hatte: "It means that people throw **lumps** of earth and seeds onto places that **belong to** the city – around the **roots** of trees, for example, or **wasteland** between buildings. Sometimes they even go out **at night** and plant trees and flowers. They aren't actually allowed to do this. It's illegal, but the local **authorities** close their eyes and let them do it."
Ich kapierte das nicht. Wieso sollte es illegal sein, wenn man auf öffentlichen Flächen, die sonst grau und hässlich wären, Blumen pflanzte? Grade auf Baumscheiben, wo sonst nur die Hunde hinkackten. Nur weil einem das Gelände nicht gehörte? Das war wieder echtes Erwachsenenzeug.
"The guerrilla gardening movement started in London and then came to New York and Berlin. There are sev-

gardening Gartenbau
community garden Gemeinschaftsgarten
gardener Gärtner(in)
seed Saat
bomb Bombe
lump Klumpen
to belong to gehören
root Wurzel
wasteland Brachland
at night nachts
authority Behörde

eral projects in the center of Berlin", erklärte Daddy weiter. "In New York some of the **former** illegal gardens were **turned into** a community garden project and became legal. These little neighborhood gardens in **backyards**, or even on **rooftops**, **contribute to** local **recreation areas**. **Legalizing** a project **ensures** that there will always be somone to **care for** it. **Voluntarily**, of course. The city doesn't have the money to pay for it." Ich trat zur Seite, um einen Jogger vorbeizulassen, der die Williamsburg Bridge offenbar zu seinem Trainingsgebiet erklärt hatte.

"How does it work?"

"People who like gardening **take on** the **responsibility** for a little green **patch,** buy **plants** and seeds and spend a lot of their **spare time** in these gardens. Some of them **share** the fruit and vegetables they grow, or give them to homeless people. Or they make jam, for example, and sell it on a farm stand."

"What's a farm stand?" Ich hatte diesen Ausdruck noch nie gehört.

"A farm stand is when gardeners invite people to their garden to buy jam, **pickles**, or fresh fruit and vegetables. In spring they sell **seedlings as well**."

former ehemalig
to turn sth into sth etw in etw verwandeln
backyard Hinterhof
rooftop Hausdach
to contribute to sth zu etw beitragen
recreation area Erholungsgebiet
to legalize legalisieren
to ensure gewährleisten
to care for sth sich um etw kümmern
voluntarily freiwillig
to take on übernehmen
responsibility Verantwortung
patch Fleck
plant Pflanze
spare time Freizeit
to share teilen
pickles eingelegtes Gemüse
seedling Setzling
as well auch

"Sounds nice."
Doch Dad war in Fahrt. Offenbar hielt er mich grad für eine seiner Studentinnen und fuhr mit seinen Erklärungen fort.
"I've even heard of some gardens where they keep chickens and sell the eggs."
Er sah aus, als würde er am liebsten sofort ein Huhn kaufen und es auf unserer Terrasse einquartieren.
"Back to the roots, eh?"
Daddy sah mich an, als würde er mich erst jetzt wieder wahrnehmen.
"It's not as funny as you think. These projects don't just **provide** more green spaces for the cities. They give people **hope**, too. And they teach them that an egg wasn't born in an **eggbox**. Children can learn about health and **sustainability.** It's useful to be able to give them a different view of the world in times like these."
Aha. Trotzdem liebte Daddy seine Chips und Cola. Und auf einem Wochenmarkt ist er auch in Berlin nie gewesen. Vielleicht kann man nicht alles auf einmal ändern. Eins interessierte mich aber doch noch: "With the money they earn from the farm stand, do the gardeners buy more seeds and plants for the next year?"
"You **got** it!"
Wir trafen am Ende der Williamsburg Bridge auf seine Studenten, die an dem grünen *Welcome-to-Manhattan*-Schild warteten, das auf dem Bürgersteig eingelassen war. Dad wanderte mit einem Stadtplan umher,

to provide verschaffen
hope Hoffnung
eggbox Eierkarton
sustainability Nachhaltigkeit
to get sth etw kapieren

auf dem er etliche der Gartenprojekte eingezeichnet hatte. Manchmal war es tatsächlich nur ein einzelner Baum, dessen Baumscheibe gegen unachtsame Fußgänger und Hunde mit einem winzigen Zaun geschützt war. Dort wuchsen Gänseblümchen, Ringelblumen, und sogar eine riesige Sonnenblume war vertreten. Wir sahen Gärten in schmalen Baulücken, in denen fast nur schattenliebende Pflanzen wachsen konnten. Und dann gab es im wahrsten Sinne des Wortes ein Highlight.

"Why are we going into this building?", fragte einer der Studenten.

"**Wait and see**", antwortete Dad, fuhr mit uns in das zehnte Stockwerk und stieg eine Treppe hinauf. Oben angekommen, standen wir auf einem Dach. Das wäre an sich nichts Besonderes gewesen, aber Anwohner hatten aus dem Dach einen Paradiesgarten gemacht.

"They brought tons of **soil** up to the roof, they bought cheap plants, or they grew them at home from seeds."

Vom Eingang verlief ein Laubengang mit Kletterrosen zu einem kleinen Wasserbecken, das an eine Kräuterspirale grenzte. Bunte Blumen, Kräuter und Gemüsepflanzen wuchsen überall durcheinander, verschiedene Gartenräume waren mit natürlich wachsenden Hecken abgetrennt, an denen allerlei leckere Beeren wuchsen.

Überall wühlten Menschen in Beeten, gossen die Pflanzen, schichteten Kompost um und kümmerten sich um alles, was gerade anfiel.

Wait and see. Wart's ab.
soil Erde

"They don't get paid for their work. They just do it for the fun of it."

Ich glaubte sofort, dass das Arbeiten hier Spaß machte. Die Leute sahen sehr zufrieden aus und grüßten freundlich. Es standen einige Bänke und Tische mitten zwischen Blumen und Gemüse, und es war angenehm kühl, im Gegensatz zum Rest der Stadt. Außerdem war der Blick über die angrenzenden Dächer beeindruckend. In einem benachbarten Bürogebäude, das um einiges höher war, konnte ich an einem Fenster Leute sehen, die auf den Dachgarten deuteten. Vermutlich war es für sie auch erholsam, ein wenig Grün zu sehen, wenn sie eine kurze Pause von der Arbeit machten.

Ich setzte mich auf eine der Bänke und schloss kurz die Augen. Lavendelduft wehte herüber und ich fühlte mich wie im Urlaub. An der anderen Seite des riesigen Daches war ein Vater mit zwei Kindern damit beschäftigt, Zucchini oder Kürbispflanzen zu gießen. So genau konnte ich das von hier nicht unterschieden, denn es waren beides Kürbisgewächse. Mom hatte das Zeug in unserem Garten in Berlin angebaut, und so kannte ich die riesigen Blätter und die hübschen gelben Blüten, die von Weitem leuchteten.

squash Kürbis

"Look, they're even growing **squash**!", rief Dad mir zu, weil er es selbst beeindruckend fand, was hier alles wuchs.

Die beiden Kinder waren schwarz und mochten drei Jahre alt sein. Eines fiel der Länge nach ins Beet und wurde von seinem Vater wieder auf die Beine gestellt.

Na, vielleicht war es auch nur der große Bruder, das konnte ich von hier aus nicht erkennen.
Ich sah mich nach den Studenten um. Sie hatten ihre College-Blocks gezückt und machten sich eifrig Notizen. Ich stand auf und sah ihnen über die Schulter. Einige zeichneten, was in den einzelnen Beeten wuchs, andere machten Fotos mit der Digitalkamera.

to map auf einer Karte eintragen

"We**'re mapping** urban recreation areas", sagte eine Studentin, obwohl ich sie gar nicht danach gefragt hatte. "Maybe they'll give us some ideas about how to improve them, or plan more."
Ich nickte und schlenderte in Richtung Kürbisgärtner, vorbei an zwei alten Damen, die vorsichtig dornige Rosenranken an den Spalieren festbanden. Dieser Duft mitten in Manhattan erinnerte mich an unseren Garten zu Hause in Berlin.
Als ich mit geschlossenen Augen den Rosenduft atmete, hörte ich aus der Kürbis-Ecke Gelächter!
"Don't do that to me, lady!" Diese Stimme kannte ich doch! Ich öffnete die Augen und schaute genauer hin. Jetzt erkannte ich, wer da mit den Kleinen herumalberte – kein anderer als Leroy!
"Oh my God!", entfuhr es mir, und ich kauerte mich hinter den Rosenstrauch, bevor er mich sehen konnte. Die beiden alten Damen waren inzwischen fertig, und so konnte ich von dort Leroy beobachten, ohne dass er mich sah. Das hoffte ich zumindest.
Musste ich mitten in dieser Millionenstadt ausgerechnet *ihn* hier oben auf dem Dach treffen?
Er jagte die beiden Kleinen mit der Gießkanne um das

Beet und tat so, als wollte er sie nass spritzen. Die zwei kreischten um die Wette und auch Leroy schien seinen Spaß zu haben. Das passte alles überhaupt nicht zu dem mürrischen Kerl, den ich in der Schule kennengelernt hatte. Was trieb er überhaupt hier? War er der große Bruder oder gar der Vater? Es gab genügend minderjährige Väter. Dieser Gedanke wollte mir ganz und gar nicht gefallen.

Ich wollte gerade vorsichtig den Rückzug antreten und mich wieder zu Dad und seinen Studenten gesellen, da fiel ein dicker, fetter Käfer aus dem Rosenstrauch direkt in meinen Ausschnitt!

Ich schwöre, ich wollte nicht schreien, aber ich tat es doch. Weniger wegen des Käfers als vielmehr, weil ich mich so wahnsinnig erschrocken hatte. Außerdem strampelte das Vieh mit deutlich zu vielen Beinen in meinem T-Shirt herum, sodass ich unwillkürlich einen Tanz aufführte, der vermutlich sehr albern aussah.

"Need my help again?" Leroy stand mit einem Mal mit verschränkten Armen breit grinsend vor mir, machte aber zum Glück keinerlei Anstalten, mir tatsächlich zu helfen. Offenbar amüsierte er sich prächtig.

"Who's that?", fragte eines der beiden Kleinen in dem Moment, als der dusselige Käfer endlich nach unten aus dem Shirt fiel, das ich hektisch ausgeschüttelt hatte.

"This is Nina", stellte er mich der Kleinen ernsthaft vor. "**May I** introduce you to Princess Brittany and Prince Robert?"

"Hi Brittany, hi Robert", sagte ich, und kam mir sehr merkwürdig dabei vor.

may I darf ich

"You forgot to say 'Princess'!" Brittany verschränkte die Arme vor der Brust, zog eine Schnute und sah mich böse an. Ich musste lächeln, weil sie so niedlich dabei aussah.

"I'm sorry, Your **Highness**. Will you **forgive** me, this once?"

Sie überlegte einen Moment und ihre Stirn kräuselte sich dabei ebenso, wie ich es bei Leroy schon häufig gesehen hatte.

Highness Hoheit
to forgive (forgave, forgiven) vergeben
worm Wurm
for heaven's sake um Himmels willen

"Okay!" sagte sie nur und zupfte ihren Bruder am Ärmel. "Come on! Let's chase **worms**!" Sie rannten los, und Brittanys dunkel gelockte Rattenschwänzchen wippten bei jeder Bewegung.

"Are they twins?"

Leroy nickte. "And I'm their father."

Ich musste ein selten dämliches Gesicht gemacht haben, denn er lachte lauthals los.

"She believed me!", sagte er zu jemandem, der gar nicht da war. "Oh my God, she really believed me!"

"Ha. Ha." Scherzkeks.

Ich wollte ihn fragen, was er eigentlich hier tat, aber er kam mir zuvor: "What are you doing here, **for heaven's sake**?"

"I'm here with my father and his students. He's a professor for urban planning, and they're learning something about community gardens."

"Ah."

Ich wartete darauf, dass er weitersprach, aber da kam nichts mehr.

"Do you come to this place a lot?"

Er druckste ein wenig herum, so als wollte er es mir eigentlich nicht verraten. “My mother was one of the people who started the project.”
Nun war es an mir “Ah” zu sagen.
“Do me a **favor**, Nina.”
Ich hätte ihm *jeden* Gefallen getan.
“Don’t you **dare** tell our classmates that you met me here with the kids. Otherwise I’ll tell them about your **bug** dance. And ... I’ll say that you did something with Ramon.”

favor *(AE)* Gefallen
to dare wagen
bug Käfer

Dabei sah er wieder äußerst unfreundlich aus, und ich war sprachlos. Das war glatte Erpressung!
“No one would believe you!” Ich und dieser Ramon – das war ja wohl das Allerletzte!
“What do *you* know, lady? Nothing! Nothing at all.”
Er ließ mich einfach stehen, schnappte sich die protestierenden Zwillinge und ging.
Was hatte der Kerl eigentlich für ein Problem? Wieso sollte niemand wissen, dass er mit seinen Geschwistern an so einem schönen Ort war und seiner Mutter bei ihrem Projekt half?

Secrets

Ab sofort beachteten wir uns in der Schule nicht mehr. Das fiel auch Izzy auf. Wir spazierten in einer Pause auf dem Schulgelände herum, Leroy kam uns entgegen und bog haarscharf vor uns ab.
"What's happened? You didn't even look at each other. **Did** you **argue**?"
"How could we have argued if I never meet him?"
"You meet at school every day, remember?"
"You really can't call that a meeting. We **breathe** the same air, that's all. You could say the same for all the boys. So why are you asking me about Leroy?"
Izzy nahm einen langen Zug aus ihrer Cola.
"Oh, I just thought maybe there **was** something **going on** between the two of you." Sie grinste breit. "I saw Leroy looking at you like this." Sie verdrehte die Augen und sah aus wie ein liebeskranker Hund.
"You're completely crazy!" Ich zeigte Izzy einen Vogel und fragte mich gleichzeitig, ob das nicht sogar stimmen konnte. Interessierte sich Leroy für mich? Weshalb war er dann so unfreundlich? Das neulich auf dem Dach war nicht aus der Kategorie *Was sich liebt, das neckt sich* – so viel stand jedenfalls fest. Die Drohung war ernst gemeint. Doch je länger ich darüber nachdachte, umso stärker war der Drang, es jemandem zu erzählen. Ich zog Izzy in eine Ecke, wo uns niemand zuhören konnte.

to argue sich streiten
to breathe atmen
to be going on laufen

"Promise not to tell anyone what I'm going to tell you now! Otherwise I could get in trouble."
Izzy nickte. Logisch, das hätte ich auch getan, denn sie war bestimmt so neugierig wie ich. Ich hoffte, dass sie wirklich die Klappe hielt, aber ich würde platzen, wenn ich jetzt nicht damit herausrückte.

threat Drohung
to stare at anstarren
right now im Moment
to act sich benehmen
secretive verschlossen
to tail sb jdn beschatten

"You're right: Leroy and I had a kind of argument at the weekend."
"At the weekend? Wow, so I was right – there *is* something going on!"
"Bullshit! And it wasn't even a real argument. It was more like a – a **threat**."
Ich erklärte Izzy also die ganze Geschichte.
"... And then he **stared at** me and said, 'Don't you dare tell anyone else'", schloss ich meinen Bericht.
"You've just done exactly that, darling. And now I have to go and tell everyone!" Izzy drehte sich um und trat einen Schritt von mir weg. Ich hielt sie am Arm fest und wollte gerade ausflippen, da sah ich sie lachen. "Just kidding! Did you really think I'd do that?"
"Sorry. I don't know what to think **right now**. Have you got any idea why Leroy **is acting** like this?"
"No. But then I don't know him very well. He's very **secretive**. I didn't even know he had a brother and sister!"
"Have you got any idea what I should do? I don't like things being like this."
"Maybe we should **tail** him?"

Ich muss ein wenig intelligentes Gesicht gemacht haben. “Tail him? Like **private investigators**?”
Izzy kicherte. “Why not? Do you want to find out what his secret is or not?”
“Maybe he doesn’t have a secret. Maybe he’s just another stupid guy.”
“I don’t think so.”
“No, me **neither**”, musste ich zugeben. Schließlich hatte ich beobachtet, wie er mit den Zwillingen umgegangen war. Er wirkte sehr liebevoll und fürsorglich. Das genaue Gegenteil von dem, wie er sich in der Schule gab.

private investigator Privatdetektiv(in)
neither auch nicht
straight direkt
either ... or entweder ... oder
afterwards danach
to ache wehtun
normally normal

“We should meet after school and make a plan.” Doch dann fiel ihr etwas ein. “Oh, we’ve got lax practice again ... Okay, we can go **straight** to **either** my house **or** yours **afterwards**.”
Das Lacrosse-Training! Ich hatte mir noch gar keine plausible Ausrede einfallen lassen, um nicht hingehen zu müssen. Andererseits wollte ich auch gerne einen Leroy-Schlachtplan aushecken. Ich druckste herum.
“What’s up?”, wollte Izzy wissen.
“Erm ... My feet **ache**. I can’t run.”
Izzy guckte völlig entgeistert und begann schallend zu lachen. “Your feet ache? Don’t be silly! You were walking perfectly **normally** until just now.”
“Sometimes it doesn’t hurt as much. But I can’t run around.”
Ich demonstrierte ein leichtes Humpeln, doch sie grinste immer noch. In dem Moment kam Akiko mit Leilani des Wegs.

"Oh, what's happened to your leg?", fragte Leilani.
"She**'s pretending** her feet hurt so she can **get out of** lacrosse practice!"
"Really? I don't believe it!" Akiko kicherte wieder los, als hätte ihr jemand Juckpulver in den Kragen geschüttet. "Why don't you just say that you don't like lacrosse?"
Ich dachte schon, ich wäre raus aus der Nummer, weil sie Verständnis für meine Situation hatten.
Doch Akiko machte meine Hoffnung sofort zunichte: "In the beginning, I also thought you'd have to be crazy to play lax. I had bruises all over my body."
"I had **sore muscles** like you wouldn't believe!", sagte Izzy.
"And I was as slow as a **snail** and felt like a complete **wimp**", ergänzte Leilani.
Bei mir traf alles auf einmal zu.
Aber das ließen sie nicht gelten: "Come on – try it another three times! I promise you, by then you'll be **addicted**." Akiko sah mich beinahe bettelnd an.
Was sollte ich dagegen noch sagen?
"Okay." Ich seufzte und gab mich geschlagen. "But treat me gently."
"We promise!", sagten die drei und gaben mir ihr großes Ehrenwort, dass sie mich nicht mit ihren Schlägern verletzen und mich auch nur ganz sanft umschubsen würden, weil Körperkontakt ohnehin verboten sei. Ja, ja. Das hatte ich bereits bemerkt.

to pretend vortäuschen
to get out of sth um etwas herumkommen
sore muscles Muskelkater
snail Schnecke
wimp Niete
addicted süchtig

Ganz unrecht hatten die Mädchen nicht: Das Training lief diesmal schon viel besser. Die Rennerei brachte mich nicht mehr ganz so aus der Puste, und es gelang mir bei den Übungen sogar recht gut, den Ball zu fangen. Während des Trainingsspiels allerdings kam ich nicht einmal in dessen Nähe. Doch vielleicht würde es ja beim nächsten Mal besser werden. Versuchen konnte ich es zumindest.

Auf dem Weg zurück in die Umkleideräume humpelte ich tatsächlich – ich musste im Eifer des Gefechts umgeknickt sein. Allerdings konnte ich mich nicht erinnern, bei welcher Gelegenheit das gewesen sein sollte. Es tat ein bisschen weh, trotzdem wollte ich diesem Sport eine Chance geben, wo sich die Mädchen so ins Zeug gelegt hatten, mir die Sache schmackhaft zu machen.

Das Training der Jungs war noch nicht zu Ende. Ich konnte mir nicht verkneifen, nach Leroy Ausschau zu halten, doch er war nirgendwo zu entdecken. Der Trainer pfiff das Spiel ab, und die Jungs hatten es eilig, ebenfalls in ihre Umkleide zu kommen. Ich schnappte auf, dass ein paar von ihnen richtig sauer waren, weil Leroy wieder nicht zum Training erschienen war.

"I wonder what he's doing all the time", sagte Tyler in dem Moment, als er mich überholte. "If he wasn't as good as he is, I'd say he shouldn't play in the next match."

"Maybe he's got a girl. He wouldn't be the first guy to go crazy when he gets a new girlfriend. The blood **drains** from your

to drain abfließen

head, if you know what I mean." Die dreckige Lache, die dann folgte, gehörte zu Zach, der meist neben Leroy saß und andauernd solche *Witze* riss. Danach konnte ich nichts mehr verstehen, weil die Tür zum Umkleideraum hinter ihnen ins Schloss fiel.

Ich zog mir Schuhe und Socken aus und stellte fest, dass mein linker Fußknöchel deutlich dicker war als der rechte. Mist! Meine Sandalen musste ich offen lassen. Izzy stützte mich auf dem Weg nach draußen.
"Do you want to come **to my place**, or shall we go to yours?"
Ich hätte prinzipiell nichts dagegen einzuwenden gehabt, noch einmal "Hello Kitty"-Toasts zu mir zu nehmen, und vielleicht hätte ich ja auch mal Izzys Vater kennengelernt. "I'd love to come to your place, but I'm worried about my foot. I think I'd better go home and put some ice on my **ankle**. It's hurting quite badly now. Maybe I should go to the doctor."

to my place zu mir nach Hause
ankle Knöchel

Als wir in meine Straße einbogen, lungerte doch tatsächlich Ramon dort herum. Er saß auf einem Geländer und starrte uns an.
"Holy shit!", zischte ich nur. Ich könnte ja nicht einmal wegrennen, wenn es nötig würde. Aber ganz offensichtlich waren seine beiden Gorillas nicht in der Nähe, denn er machte keine Anstalten, vom Geländer abzusteigen. Trotzdem fühlte ich mich sehr unwohl, ich spürte seine Blicke noch in meinem Rücken, bis wir vor unserer Haustür standen. Ich wäre gerne weitergegangen, damit er nicht erfuhr, wo ich wohnte, doch ich

hätte keinen zusätzlichen Schritt mehr machen können. Außerdem, wo hätten wir auch abwarten sollen? Wer weiß, ob Ramon nicht noch für drei Stunden dort sitzen wollte.
Wir waren kaum oben in der Wohnung, da tauchte Mom auf und beschloss, sofort mit mir zum Arzt zu fahren. Sie bedankte sich wortreich bei Izzy, dass sie mich nach Hause begleitet hatte.
"Sorry", sagte ich zu Izzy. "I can't help it. We'll have to wait until tomorrow."

Time Out

"**I'm afraid** you**'ve sprained** your ankle. It might be quite a **while** before you can walk on it properly."

Meine Begeisterung hielt sich sehr in Grenzen, als der Arzt mir mitteilte, dass ich mir den Knöchel verstaucht hatte und einige Tage nicht zur Schule gehen sollte. Oder besser gesagt: überhaupt nicht *gehen* sollte. Da war Schule natürlich mit eingeschlossen.

Der Arzt, der aussah wie aus einem dieser alten amerikanischen Schwarz-Weiß-Filme, mit runder Brille und weißem Kittel, wickelte einen kunstvollen Verband um meinen Fuß und zeigte mir, wie ich – wenn es denn gar nicht zu vermeiden wäre – auf Krücken zur Toilette gehen konnte.

time out Auszeit
I'm afraid ich fürchte
to sprain verstauchen
while Weile

Nach kurzem Üben taten mir davon schon die Arme weh. Das waren ja heitere Aussichten für die nächsten Tage. Wenn es nicht womöglich noch länger dauerte. Es war ja nun nicht so, dass ich mich darum reißen würde, Unterricht zu haben oder Mom im Haus zu helfen. Gegen ein wenig ärztlich verordnetes Chillen war im Prinzip nichts einzuwenden. Aber allein zu Hause würde mir die Decke auf den Kopf fallen. Und, ich musste es mir langsam eingestehen, ich wäre traurig, wenn ich Leroy für längere Zeit nicht sehen könnte. Vermutlich würde *ihm* meine Abwesenheit gar nicht

auffallen. Aber wenn ich zu lange nicht da wäre, würde ich am Ende völlig in Vergessenheit geraten, und das musste ich um jeden Preis verhindern. Ich hoffte also, dass der dumme Knöchel sich mit seiner Heilung gefälligst beeilen würde.
Als ich wieder zu Hause war, fuhr ich gleich den Rechner hoch, um Izzy die Neuigkeit via MSN mitzuteilen. Sie würde darüber sicher auch nicht sonderlich erfreut sein, denn offenbar hatte sie mich inzwischen schon sehr ins Herz geschlossen. Dabei sah ich gewohnheitsmäßig noch in meine Mailbox: Endlich eine Nachricht von Britt! Ich dachte schon, sie hätte mich völlig vergessen!

embargo Sperre
to revise (den Lernstoff) wiederholen
instead of anstatt
to fail durchfallen
gorgeous hinreißend
envious neidisch

Dear Nina,
Sorry I didn't write back sooner. I haven't forgotten about you, but my parents punished me with a computer **embargo**, because I had to **revise** for a test. Maths. Say no more ... Remember my grade in the last test? Ouch!
I really hope that all that revision **instead of** being on the computer will actually make a difference. If I **fail** again the school might make me repeat the year, and then I can say bye-bye to my computer forever. Parents ...
First of all, I'm really glad that you're living in such a **gorgeous** apartment! When I read about it, I was really quite **envious**.
It sounded to me as if you were quite happy over

there, until Konrad told me about your last mail to him. Is it true that you were mugged? New York sounds like a very dangerous place. Why didn't you call the police?!

Please **take care of yourself**! I don't want to lose my best friend because of some gangster **on skid row**!

It's boring in Berlin since you left. Paul is a nice guy and I love him, but I miss our girl-talk. I sometimes hang out with Patty, but it's not the same. We're not interested in the same things.

I have to stop now. If my parents catch me at the computer, they might call the police, or worse ;-)

Big **hugs** across the **ocean**!!!

Britt

to take care of oneself auf sich aufpassen
on skid row in einer heruntergekommenen Gegend
hug Umarmung
ocean Ozean

Eigentlich wollte ich ihr sofort antworten, doch Mom sah, dass ich auf dem Schreibtischstuhl saß und den Fuß nicht hochgelegt hatte. Sie machte einfach den Rechner aus und scheuchte mich kurzerhand aufs Sofa. Dann füllte sie *crushed ice* in eine Plastiktüte und legte es um den Knöchel. Sie schaltete sogar freiwillig den Fernseher an und beschwor mich, mich nicht von der Stelle zu rühren: "Sonst dauert es noch länger, bis du wieder in die Schule kannst!"

Unter normalen Umständen wäre mir das ganz recht gewesen. Aber keine Schule bedeutete auch, dass das Leroy-Beobachtungsprojekt vorerst gestorben war. Also blieb ich liegen, wo ich war, schaute *The*

Simpsons, *Desperate Housewives* und *House*, bis sich meine Eltern dazugesellten.
"You're lucky you don't have to go to school tomorrow", sagte Mom lächelnd. "You can **stay up** and watch TV until we go to bed, if you like, as a special treat."

to stay up
aufbleiben
conditions
Bedingungen
to keep one's fingers crossed
die Daumen drücken

Tags drauf sollte der Fernsehmarathon eigentlich weitergehen, nur dass vormittags vorwiegend dümmliche Talkshows und ähnlicher Mist liefen. Ich schaltete den Fernseher also entnervt ab und vertiefte mich stattdessen in einen Roman um ein Mädchen, das sich in einen Vampir verliebt hatte. Erst nach halb zwei fiel mir auf, dass ich noch gar nicht gegessen hatte.
Ich ging mit den Krücken vorsichtig zum Kühlschrank und holte mir einen Joghurt heraus. Damit wollte ich schon zum Sofa zurück, doch dann fiel mir ein, dass ich ebenso gut die Mail von Britt beantworten könnte, wo ich sowieso schon stand.

Dear Britti-Mouse,
Thanks for writing back in such difficult **conditions**! I hope the maths test went well. I **kept** my **fingers crossed**!

> I don't want to lose my best friend to some
> gangster on skid row!

But it wasn't on skid row! It was an ordinary street in our neighborhood, and we definitely

DON'T live on skid row. It's very **middle-class** round here. I would never have thought it could be dangerous to go out here, especially **during** the day.

Ich würde sie damit sicher nicht beruhigen, doch nun wusste sie zumindest, dass ich in keinem heruntergekommenen Viertel wohnte.

Yesterday I sprained my ankle during lacrosse practice. On the way home I saw that Mexican guy again, but he was **by himself** and he didn't say anything when I walked past. But now he knows where I live. If you don't hear from me ever again, tell them I was killed by a Latino called Ramon (I almost wrote "Rambo"!).
Just kidding! Don't worry – I think he's just a stupid asshole who wouldn't really hurt anyone.
Have I told you about the urban gardening projects I went to see in Manhattan? My father took some of his students to look at them, and I went with him. There was even a community garden on a rooftop. It was amazing!

middle-class bürgerlich
during während
by himself allein

Etwas hinderte mich daran, bei dieser Gelegenheit von meiner Begegnung mit Leroy und den Zwillingen zu berichten. Ich hätte bei Adam und Eva anfangen müssen, und dazu hatte ich einfach keine Lust. Vielleicht schrieb ich von Leroy, wenn unsere Privatermittlungen abgeschlossen sein würden. Stattdessen blieb ich bei den Pflanzen.

It wasn't just amazing, it was **inspiring**, too. At home the terrace is Mom's **territory**, I suppose. But there's a **fire escape** by my bedroom window, and I'm thinking about putting some flowerpots on it and planting flowers, tomatoes and strawberries. Maybe I'll put some on my **window sill** as well.
But I'll have to wait until my foot **gets better**. My ankle is as big as a watermelon. I have to go back to the sofa now because it's starting to hurt again.
Bye for now!
Big hugs,
Nina

inspiring inspirierend
territory Revier
fire escape Feuerleiter
window sill Fenstersims
to get better sich erholen

School Warriors

Fünf Tage hing ich zu Hause herum, bevor der Arzt grünes Licht dafür gab, dass ich wieder zur Schule durfte. Der Knöchel war dank ständiger Kühlung weitestgehend abgeschwollen und tat nur noch weh, wenn ich eine blöde Bewegung machte.

Immerhin hatte ich noch einen Verband um den Fuß.

“Poor Nina, as if it wasn’t hot enough without a bandage!”, sagte jeder Zweite, den ich traf.

Ansonsten war das vorherrschende Thema auf den Fluren und auf dem Schulhof das bevorstehende Lacrosse-Spiel der Jungen unserer Schule gegen die Tigers, das Team einer benachbarten Schule.

Da ich erst später in die Klasse gekommen war, hatte ich die Vorgeschichte nicht erlebt. Doch Leilani erklärte mir bereitwillig alles auf dem Weg zum Sportplatz. Ich konnte zwar noch nicht wieder trainieren, aber zuschauen ging. Außerdem konnte ich dabei wieder einen unauffälligen Blick auf Leroy werfen, der bereits über den Platz fegte wie ein junger Jaguar.

Leilani bemerkte meinen anerkennenden Blick.

“He’s the star of the team”, sagte sie. Ich hatte immerhin schon erfahren, dass die *Williamsburg High Warriors* – so hieß das Jungsteam unserer Highschool – sich seit ihrer Gründung in der untersten Liga eingerichtet hatten.

“But when Leroy and Tyler joined, the team shot up the

league. These two guys **complement** each other really well; it's because of them that we keep winning. Now the Warriors **have** almost **qualified** for the **semi-finals**. They only have to win the game against the Brooklyn Tigers."
Da die Warriors sich bisher so bequem aus der untersten Liga nach oben gespielt hatten, dürfte das nun auch kein größeres Problem sein. Dachte ich zumindest.
"The Tigers are a very **aggressive** team. They win nearly every year. It's a **cakewalk** for them. Their plan is to **blast** the Warriors and then **slaughter** the final team to take home the **cup**, like they have for the past six years." Leilani verzog das Gesicht. "But if we can beat the Tigers, we'll **eat** the Panthers or the Devils **for breakfast** in the finals. I can't believe they both got this far."

Jubel brandete auf, weil Leroy beim Trainingsspiel gerade wieder einen Ball im Tor versenkt hatte.
Der total vermummte Torwart fischte die Kugel aus dem Netz und ging erst einmal hinter dem Tor spazieren, vielleicht um allen die Gelegenheit zu geben, ein wenig zu verschnaufen.
"Hi, girls! Hanging around watching the boys?" Izzy stieß zu uns, gefolgt von Akiko, kichernd, wie immer.
"I was just explaining to Nina why the next game is so important to the Warriors."

league Liga
to complement ergänzen
to qualify sich qualifizieren
semi-final Halbfinale
aggressive aggressiv
cakewalk Kinderspiel
to blast vernichten
to slaughter niedermetzeln
cup Pokal
to eat sb for breakfast jdn leicht bezwingen

"We have to win *our* next game, too, otherwise we'll never **move up** to the next league."
"We're already out of the **running**, Izzy." Leilani verzog das Gesicht.

"At least we can try not to be **bottom**. Come on, let's do some exercises!" Izzy drehte sich zu mir um. "See you later!"

to move up aufrücken
running Rennen
bottom ganz unten
ma'am meine Dame
pot Topf

Die drei Mädchen liefen zur Umkleidekabine und ich ging nach Hause. Ich erinnerte mich daran, dass ich auf dem Weg zur Williamsburg Bridge immer an einem kleinen Blumenladen vorbeigekommen war. Nebenan war eine Hofeinfahrt, wo der Ladenbesitzer Blumenerde und Pflanzen verkaufte.
Zum Glück war der Laden offen, und ich wanderte zwischen den Plastiktöpfen herum.
"May I help you, **ma'am**?" Der Blumenhändler hatte mich entdeckt, als ich ein wenig ratlos auf die vielen Pflanzen starrte.
"I'm looking for some plants to grow on my fire escape. Do you have strawberries?"
"It's not the best time for strawberries now, but how about a little **pot** with a tomato plant?" Er streckte mir einen Topf entgegen, in dem eine Tomatenpflanze schon viele Blüten ausgebildet hatte.
Ich fand die Idee gut, und nahm noch einen Topf Schwarzäugige Susanne, deren orangefarbene Blüten mit dem schwarzen Punkt in der Mitte mich freundlich anlachten. Aber ich wollte noch einen dritten Topf, und er hatte genau das Richtige für mich: "How about a

nasturtium? You can use your fire escape as a **trellis** for the **vines**."

Ich hatte das Wort *nasturtium* noch nie gehört, doch die runden Blätter kannte ich genau. Es handelte sich um Kapuzinerkresse. Diese Blumen würden hoffentlich das rostige Geländer schön beranken, genau wie der Blumenhändler es vorschlug. Und vielleicht konnte ich sogar ein paar Cocktailtomaten ernten.

Zu Hause kramte ich drei leere Bohnendosen wieder aus dem Müllcontainer. Nachdem ich sie gesäubert hatte, piekte ich am oberen Rand jeder Dose mit dem Dosenöffner zwei Löcher hinein. Der nette Blumenhändler hatte mir noch eine Rolle Blumendraht zum halben Preis gegeben, weil ich nicht genug Geld dabei gehabt hatte. Diesen benutzte ich nun dazu, die Dosen am Geländer der Feuertreppe zu befestigen. Dann stellte ich meine drei Pflanzen hinein, gab ihnen etwas Wasser und begutachtete mein Werk. Ob von der Treppe aus oder aus meinem Fenster – es sah schon ganz gut aus. Und es machte gute Laune.

Als Izzy klingelte, musste ich ihr das Ergebnis sofort zeigen.

"Looks great! When you **harvest** your tomatoes, you'll have to celebrate **Thanksgiving** on the fire escape!"

Wir lachten beide bei der Vorstellung.

Doch dann kam Izzy rasch zur Sache: "While you've been lazily **lounging about** with your foot up, I've already started tailing Leroy."

Na toll. Das gefiel mir gar nicht. Schließlich war es mei-

nasturtium Kapuzinerkresse
trellis Spalier
vine Ranke
to harvest ernten
Thanksgiving Erntedank
to lounge about herumliegen

ne Sache. Izzy sollte dabei nur helfen und nicht die Führung übernehmen.

"Every day after school he goes to a different place. I couldn't **figure out** where he lives."

"If only the school **handed out** a list with everyone's addresses, like they do in Berlin."

to figure out
rausfinden
to hand out
herausgeben
full-time job
Vollzeitarbeit
to be worth it
es wert sein

"Oh, they do, at the beginning of the year. But I've lost mine, and I thought people might get the wrong idea if I asked someone for Leroy's address."

Ja, und das wollten wir ja nicht, nicht wahr, dass jemand am Ende noch glaubte, Izzy wäre scharf auf Leroy. Am allerwenigsten wollte *ich* das.

"Did you wait until he came out again?"

"No, I didn't have time."

"Okay, so that's what I'll do. I'll follow him, wait until he comes out, and then follow him again."

"You realize that this could be a **full-time job**?"

"Yeah, but I think it**'s worth it**. He's got some kind of secret, and I really want to know what it is."

Dabei wusste ich eigentlich gar nicht, weshalb mir das so wichtig erschien. Nur weil er auf dem Dach plötzlich so ruppig zu mir gewesen war? Oder weil er vielleicht in Schwierigkeiten steckte? Litt ich an einem Helfersyndrom?

Herrje, ich begann inzwischen schon so kompliziert zu denken wie Britt. Wenn ich überlege, mit welch verworrenen Gedankengängen sie mich halb wahnsinnig gemacht hat, wenn sie verliebt war: Erst dieser abgehobene Filmstar Nick Stevenson, dann Chris, und mit

Paul, das ging auch nicht ohne stundenlanges *Wenn*, *Aber* und *Vielleicht* ab.
Dann war ich also wohl tatsächlich verliebt. In Leroy. Nicht in Konrad. Shit!

Private Investigation

Der pinkfarbene Rock und das quietschgelbe Top blieben am ***Observation Day*** im Schrank. Im Jeansmini mit hellgrauem Spaghettiträgershirt machte ich mich nach Schulschluss so unsichtbar, wie es in dieser Stadt eben möglich war.

Sonst verließ Leroy die Schule sehr schnell, deshalb glaubte ich schon, ich hätte ihn verpasst. Eine halbe Stunde später tauchte er endlich auf. Und wer lief neben ihm? Das durfte doch nicht wahr sein, es war Izzy!

Ich duckte mich tiefer hinter einen verkrüppelten Busch und hoffte, die beiden würden nicht in meine Richtung blicken, denn dann hätten sie mich sicher gesehen.

Doch sie schauten nicht nach links und nicht nach rechts, sondern unterhielten sich ausgesprochen angeregt. Ich hatte Leroy noch nie mit jemandem mehr als drei Sätze wechseln hören – von mir selbst einmal ganz abgesehen.

investigation
Ermittlung
Observation Day
Beobachtungstag

Was sollte das? Hatte Izzy meine Vertrauensseligkeit und meine fünftägige Abwesenheit ausgenutzt, um sich in aller Ruhe an Leroy heranzumachen? Und ich dachte, sie wäre meine Freundin! Sie wusste doch, was ich vorhatte und dass ich ihn heute bespitzeln wollte.

"I'll follow him, wait until he comes out, and then follow him again." Genau das hatte ich ihr gesagt, und daran gab es nichts misszuverstehen.
Als die beiden ein Stück weiter weg waren, kam ich hinter dem Busch hervor und folgte ihnen. Immerhin, sie redeten nur. Ich hatte schon halb erwartet, dass sie Händchen halten würden oder etwas Ähnliches. Die Sonne brannte mir auf die unbedeckten Schultern und ich wünschte, ich hätte daran gedacht, mir etwas zu trinken einzupacken. Wie sollte ich den Tag bei der Hitze überstehen, bis ich endlich wusste, was Leroy so trieb? Einen Moment lang passte ich nicht auf, als ich an einem *Seven Eleven* vorbeikam und sehnsüchtig das Plakat mit der Sprite-Flasche anstarrte. So hätte ich beinahe nicht bemerkt, dass Leroy und Izzy an der nächsten Straßenecke stehen geblieben waren. Ich drückte mich an die Hauswand und beobachtete, wie die beiden in unterschiedliche Richtungen davongingen. Sie hatten sich nicht geküsst. Das war schon mal gut. Ich ging bis zur Kreuzung weiter und wollte mich gerade nach links wenden, wohin Leroy verschwunden war, als mir jemand auf die Schulter tippte und mich fast zu Tode erschreckte.
"Oh my God, Izzy! Are you crazy? You nearly gave me a **heart attack**!"
Doch Izzy entschuldigte sich gar nicht für ihren Überfall.
"He went this way. He told me he had an **appointment**."
Sollte ich Izzy für einen Moment falsch eingeschätzt haben? Hatte sie Leroy

heart attack
Herzinfarkt
appointment
Verabredung

nur mir zuliebe ein bisschen ausquetschen wollen? Ich hatte jedoch keine Zeit, länger darüber nachzudenken, denn Leroy machte Anstalten, erneut abzubiegen.
"I'll call you!", rief ich ihr noch zu und beeilte mich, um Leroy nicht aus den Augen zu verlieren.
Ich lief die Straße hinunter und sah gerade noch, wie er in einem Hauseingang verschwand. Die Straße war menschenleer und ich schaute mich nach einer Versteckmöglichkeit um. Zum Glück war auf der gegenüberliegenden Straßenseite ein Café. Ich ging hinein und bemühte mich, im Rückwärtsschritt, den Eingang im Blick zu behalten, was vermutlich sehr merkwürdig aussah. Eine junge Frau verließ das Haus. Sie war dunkelhäutig, etwa Ende zwanzig, und schien es sehr eilig zu haben. Die Frau trug ein hellblaues Business-Kostüm und eine Aktentasche unter dem Arm. Ich setzte mich ans Fenster, bestellte eine Cola, ohne den Kellner richtig anzusehen, und bezahlte auch gleich, damit ich jederzeit aufspringen und Leroy wieder hinterherlaufen konnte.
Aus einer Cola wurden drei. Es tat sich nichts. Und ich konnte nicht einmal lesen, um mir die Zeit zu vertreiben! Ich verfluchte mich selbst für die blöde Idee, hinter Leroy herzuspionieren. Was hielt mich hier? Ich konnte die ganze Sache doch ebenso gut abblasen. Aber wie stand ich dann vor Izzy da, nachdem ich den Mund vorher ja reichlich voll genommen hatte? Außerdem war es inzwischen beinahe egal, denn nachdem ich jetzt so lange gewartet hatte, kam es auf eine Stunde mehr oder weniger auch schon nicht mehr an.

Ab und an ging jemand die Straße entlang, mal schlendernd, mal raschen Schrittes. Ein Obdachloser kramte in einem Mülleimer und förderte zwei Getränkedosen zutage.

"Homeless people collect the cans. If they bring the cans back to the shop, they can keep the **deposit**. People in the US **throw away** their cans instead of collecting the deposit **themselves** like they do in Germany. I suppose you could say it's their contribution towards **supporting** the homeless", hatte Daddy mir mal erklärt.

deposit Pfand
to throw away wegwerfen
themselves selbst
to support unterstützen

"Interesting house?", fragte der Kellner irgendwann, offenbar im Bemühen, eine Unterhaltung mit mir anzufangen und in Erfahrung zu bringen, weshalb ich seit Stunden reglos auf eine unscheinbare Eingangstür starrte.

*Eingang*stür! Wenn das Haus nun einen Hinterausgang besaß und ich hier blöd herumsaß für nichts und wieder nichts? Irgendwann musste ich schließlich auch nach Hause. Oder vielleicht wohnte Leroy hier, dann kam er womöglich erst am nächsten Morgen wieder zum Vorschein!

Während ich überlegte, was nun zu tun war, betrat die junge Frau das Haus, die es vor Stunden so eilig gehabt hatte. Ich gab mir noch zehn Minuten, dann musste ich los, wollte ich rechtzeitig zum Abendessen zu Hause sein. Und das wollte ich, damit mein Eltern keine Fragen stellten.

Ich hätte mir vielleicht schon eher ein Zeitlimit setzen sollen. Man kennt das ja: Man wartet auf etwas, und wenn man die Nase voll hat vom Warten, tritt das Gewünschte plötzlich ein. Das war ein bisschen wie mit Murphy's **Law**: If anything can go wrong, it will.

Die Tür öffnete sich und Leroy trat auf den Bürgersteig. In der Hand hielt er eine dieser brauen Papiertüten, die so unauffällig waren, dass sie schon wieder auffielen. Er hielt sie fest, als wollte er mit dem Inhalt nichts zu tun haben. Leroy sah sich immer wieder um, sodass ich noch einen Moment im Café ausharren musste, damit er mich nicht entdeckte. Schließlich wagte ich es, ihm zu folgen. Etwa hundert Meter weiter stoppte er kurz, warf die Tüte in einen Mülleimer, nahm etwas heraus und sprintete so plötzlich wieder los, dass ich gar nicht so schnell hinterherkam. Als ich an der nächsten Kreuzung anlangte, war von Leroy weit und breit nichts mehr zu sehen. If anything can go wrong, it will. Murphy was right again.

law Gesetz

Semi-finals

Ich war grottenschlecht gelaunt, als ich tags darauf in die Schule kam. Ja, ich hatte Izzy versprochen, sie anzurufen, aber nach der missglückten Observation wollte ich mit niemandem sprechen. Ich kam mir vor wie der Oberdepp. So abgehängt zu werden, nach Stunden der Warterei, das ist einfach nur peinlich.

Und ehrlich, was sollte das Ganze? Leroy interessierte sich nicht die Bohne für mich; er sah mich nicht mal an, immer noch nicht.

"What's up, **honey**?" Izzy war so lautlos von hinten gekommen, dass ich zusammenzuckte.

"Leave me alone", brummte ich nur, packte meinen Biohefter aus und knallte ihn auf den Tisch.

"Oh no, have you got **PMS**?" Izzy fragte sehr mitfühlend, aber ich war trotzdem genervt.

"It's not PMS. I'm just **frustrated**. I waited for hours in a stupid café just to see L. come out of the house carrying a strange paper bag."

"A paper bag? Was it a brown one?" Izzys Neugier schien geweckt.

"Sure. What else?"

"And did he carry it somewhere?"

"Yeah." Ich schnaufte. "He took it to the next **garbage can**, threw it in, and **took** something **out**. And then he **vanished**."

honey Süße
PMS (pre-menstrual syndrome) PMS (prämenstruelles Syndrom)
frustrated frustriert
garbage can Mülleimer
to take out rausnehmen
to vanish verschwinden

"Was he acting strange?"
Wieso wollte Izzy das wissen?
"He kept looking around while he was walking. As if he was looking for something."
Izzy bekam Kulleraugen. "Not some*thing*. Some*one*. Nina, didn't you realize that it was a secret **delivery**?"
"A what?"
"A **handover**. There must have been drugs in that bag! And he left the bag in the garbage can for his customer."
Ich guckte sie nur an. Konnte das wirklich sein?

delivery Lieferung
handover Übergabe
hangout Treff
drug dealer Drogenhändler(in)

"You said he took something out of the garbage can. Could it have been money?"
Du liebe Zeit, sie könnte recht haben! Leroy würde sicher keinen Müll mit nach Hause nehmen.
"But why drugs? It could have been a gun – it could have been anything."
"The café you were sitting in is a **hangout** for **drug dealers**. I've heard of it."
Mir wurde schlecht. Ich hatte den halben Tag in einem Verbrecherloch gesessen und ein Haus beobachtet, in dem ganz offenbar Drogen gedealt wurden. Der Kellner hatte doch lange genug Zeit gehabt, sich meine Nase zu merken. Vielleicht war schon die Drogenmafia hinter mir her!
"But there was no one in the café", versuchte ich mich selbst zu beruhigen.
"Do you think drug dealers would have a meeting in the café while a teenage girl is sitting staring out of the

window for hours, watching the house where one of their people lives? Come on, you're not that stupid!"
War ich so blöd? Keine Ahnung. Ich wusste eigentlich überhaupt nichts mehr.
"I suppose it's not his first **package**, either", sagte ich nach einer Weile, weil mir das weiße Päckchen wieder einfiel, das Leroy auf dem Fahrrad dabei gehabt hatte, als er mich vor Ramon gerettet hatte. Wieso er das überhaupt getan hatte, war mir ebenfalls ein Rätsel. Vermutlich hätte er jedem Mädchen geholfen, das von einem Gorilla wie Ramon in die Zange genommen würde. Mir blieb keine Zeit, um weiter darüber nachzudenken, denn der Unterricht ging los. Wir würden demnächst einen Test schreiben, also hörte ich wohl lieber gut zu.

package Paket
to get sth through etw durchbringen
goddam verdammt

Leroy erschien an jenem Tag wieder einmal nicht in der Schule. Das regte einige Mitschüler schwer auf, denn er fehlte auch später beim Training. Und es war der letzte Tag vor dem entscheidenden Spiel gegen die Brooklyn Tigers.
Nur Tyler schien sich an Leroys Spielchen gewöhnt zu haben und nahm es mit der stoischen Ruhe eines Häuptlings: "He's the best. He'll **get** our team **through** to the finals. With or without practice."
"He's not a **goddam** superstar!", meckerte Zach. "Everyone has to come to practice. I don't think we should let him play tomorrow."
"Thank God you're not the trainer! Are you completely off your head? Leroy's the one who scores all the

goals! We're *nothing* without him!" Dass ausgerechnet Tyler das sagte, der selbst ein fantastischer Torjäger war, machte ihn mir sehr sympathisch.
Zach maulte noch weiter vor sich hin, und einige andere Spieler aus dem Team stimmten ihm zu, doch Tyler blieb bei seiner Meinung. Und der Trainer glücklicherweise auch.

to fall asleep einschlafen
to crawl kriechen
brick Backstein

Doch am großen Tag selbst wurden auch sie nervös, als Leroy immer noch nicht zum Unterricht erschien. Zwei Stunden vor dem Spiel tauchte er schließlich auf. Eine große Schramme zierte sein Gesicht, und ich bemerkte blaue Flecken an seinen Armen und Beinen. Außerdem sah er aus, als hätte er seit Tagen nicht geschlafen.
"He's going to **fall asleep** on the playing field", wisperte ich Izzy zu. Ich hatte weder Zeit noch Lust gehabt, Leroy weiter zu beschatten, aber vielleicht wäre das besser gewesen. Offenbar brauchte mein Schutzengel jemanden, der auf ihn aufpasste.

Die gesamte Schule hatte sich rund um das Spielfeld versammelt. Als die Tigers-Fans kamen, sangen wir:
"Who are you to come around?
Warriors are the best in town!
Tigers, you are pale and sick
Better **crawl** back under your **brick**!"
Die Warriors-Cheerleadertruppe gab dabei den Text vor.
Zu Beginn des Spiels warteten beide Teams ab. Niemand wollte so recht angreifen. Die ersten Pfiffe wur-

den laut. Jemand rief nach Leroy, offenbar, um ihn aufzurütteln, andere stimmten ein.
Derart angefeuert, legte Leroy einen Gang zu.
"I've seen him playing lax in several games now. He's not as fast as usual." Izzy hatte völlig recht. Leroy spielte mit angezogener Handbremse und hatte schon das eine oder andere Duell gegen einen Tiger verloren.
Dreimal hatten die Tigers den Ball schon im Netz der Warriors versenkt, bevor Tyler das erste Tor für die Warriors gelang. Sogar Zach, der eigentlich in der Abwehr spielte, erzielte wenige Minuten später ein Tor. Doch Leroy kam nicht zum Zug. Irgendein Tigers-Spieler stand ihm immer auf den Füßen. Die Mannschaft schien ihre gesamte Taktik darauf angelegt zu haben, Leroy bewegungsunfähig zu machen. Und so schlecht, wie er heute drauf war, hatte er keine Chance, den gegnerischen Verteidigungsring zu durchbrechen.
Nach dem zweiten Spielviertel konnte man die Warriors heftig gestikulierend am Spielfeldrand sehen. Der Trainer versuchte das Team offenbar zu beschwichtigen. Auch wenn ich es aus dieser Entfernung nicht hören konnte, war klar, was die Spieler verlangten: Leroy sollte in der zweiten Halbzeit in der Kabine bleiben. Es stand 3:6. So weit hatten die Warriors in der gesamten Saison nicht zurückgelegen.
"What do you think?", fragte Leilani, die sich neben mich gestellt hatte.
"Leroy's certainly having a bad day", sagte ich.
Schlechte Tage kannte ich selbst zur Genüge. Besonders, wenn etwas Wichtiges anstand, konnte ich dar-

Shit happens. So ist das Leben.
awful schrecklich
particular besondere
heavenly himmlisch

auf wetten, dass gar nichts klappte. Das war wieder Murphy's Law, das mich zuverlässig durchs Leben begleitete. Und nun hatte es Leroy getroffen. So was kam eben vor.

"**Shit happens**!"

"I'm not sure that's it." Leilani drehte sich zu mir und begann an den Fingern abzuzählen, was ihr alles komisch vorkam: "He hasn't been at school for several days. He's obviously hurt. He's also obviously very tired. I think something **awful** must have happened."

Klar. Vermutlich war er von seinem Drogendealer zusammengeschlagen worden oder vom Dach seines *community garden* gefallen, um den er so ein Geheimnis machte. Doch Leilani war nicht eingeweiht, also hielt ich den Mund und behielt meine sarkastischen Sprüche für mich.

Aber ich wollte sie vom Thema ablenken: "Leilani, there's something I've been wanting to ask you. Before I forget again: does your name have a **particular** meaning?"

Leilani freute sich offenbar über die Frage und störte sich nicht an dem plötzlichen Themenwechsel. Sie strahlte mich an.

"My parents say Leilani means '**heavenly** flowers'. It's my grandma's name, too."

"It's very pretty." Wir unterhielten uns noch ein wenig über die Namen unserer anderen Großeltern, und dann war das zweite Viertel auch schon um und Leilanis Überlegungen vergessen.

Die zweite Halbzeit war rasanter. Ein einziges Mal

schaffte Leroy es, seinen Bewachern zu entkommen, beförderte den Ball dann aber haarscharf neben das Tor. Mit einem Tor Rückstand gingen die Warriors in das letzte Viertel. Zum Glück war Tylers Kondition besser als neulich beim Training, und die Tigers waren nicht in der Lage, ihn ebenso optimal zu bewachen. Zweimal versenkte er den Hartgummiball, und auch Zach stolperte den Ball mehr ins Tor als ihn elegant hineinzuwerfen, doch am Ende zählte ohnehin nur das Ergebnis.

"Eight goals for the Warriors and seven for the Tigers! The Warriors have won the first match of the semi-finals! Thank you all for your **support**!"

Der Jubel über den glücklichen 8:7-Sieg war groß, aber deutlich vermischt mit Diskussionen über das insgesamt schlechte Spiel. Die Spieler der Tigers schlichen wie geprügelte Hunde vom Platz, denn es war schon acht Jahre her, dass sie nicht einmal bis ins Endspiel gekommen waren.

Auch Leroy – obgleich er dem Siegerteam angehörte – ging mit hängendem Kopf vom Platz. Keiner seiner Teamkollegen gesellte sich zu ihm.

Izzy und ich sahen uns an.

"Meeting?"

"Meeting!"

Als wir den Sportplatz verließen, sah ich in der Menge einen großen Kerl bei den Tigers-Fans stehen: Es war Ramon. Anscheinend hatte er wieder seine beiden Gorillas dabei. Und sie sahen alle drei nicht aus, als wollten sie den Warriors Glückwünsche überbringen.

support
Unterstützung

Butterflies on the Rooftop

Aus unserem Meeting wurde erst einmal nichts, weil mich die Anwesenheit von Ramons Truppe zu sehr beunruhigte. Stattdessen überredete ich Izzy, uns diesmal gemeinsam an Leroys Fersen zu heften. Dabei konnten wir ja auch überlegen, was jetzt zu tun war.

Wir mussten nicht lange warten. Offenbar hatte Leroy nur kurz geduscht und feierte nicht mit seinem Team. Er hatte es ziemlich eilig, sodass wir schon befürchteten, wir würden ihn bald aus den Augen verlieren.

Zwei Straßenzüge weiter wurde Leroy langsamer, und da sahen auch wir sie: Von der anderen Straßenseite aus liefen Ramon und seine Kumpels direkt auf Leroy zu.

Congratulations! Herzlichen Glückwunsch!

Ich dachte nicht lange nach.

"Okay, showtime!" Ich zog Izzy einfach mit mir mit. Zum Glück war sie nicht schwer von Begriff. Wir stürmten Leroy hinterher.

"Hey, Leroy! **Congratulations!**", rief ich schon von Weitem.

"You played a great game, although you were sick; you were fantastic!"

"Come on, we're going to take you to a party!", rief Izzy begeistert und hakte sich bei Leroy ein, was ich nun etwas übertrieben fand, aber ich tat es ihr nach.

Leroy sah uns verdattert an. Ich zwinkerte ihm zu, und endlich huschte ein Lächeln über sein Gesicht.
"Okay, girls, let's party!"
Wir taten, als hätten wir die drei Latinos überhaupt nicht bemerkt, bogen in die nächste Straße ab und rannten los, sobald wir außer Sichtweite waren.
"Thanks a lot. Those were the last people I wanted to see right now." Er wollte sich schon zum Gehen wenden, aber ich hielt ihn am Arm fest.
"Leroy, I don't know what trouble you're in. But if you tell us, we can help you."
Es schien mir, als würde er sich mit seinen großen, braunen Augen an meinen festsaugen. Dann strich er mir über das Haar.
"I'm not in any trouble, ladies", sagte er leise. "There's just been a **misunderstanding**. I can deal with it. Don't worry about me. And – by the way – you don't need to sit in a dirty café all day, honey." Er grinste, nickte Izzy zu und lief die Straße hinunter, ohne sich noch einmal umzusehen.
Ich sah ihm nach und glaubte noch immer seine Hand auf meinem Kopf zu spüren.
"You can shut your mouth now, Nina. You're looking stupid."

misunderstanding
Missverständnis

Ich klappte den Mund wieder zu und drehte mich zu Izzy.
"Did you see that? Did you *hear* that?"
"Yeah. Seems you're a fantastic private investigator", spottete Izzy.
Ich wusste noch nicht, ob ich selig zehn Zentimeter über der Straße schweben oder sauer sein sollte. Er

hat mir über das Haar gestrichen und "honey" gesagt! Er hat mich so angesehen, dass ich in dem Moment alles für ihn getan hätte! – Und der Kerl hat mich im Café gesehen und mich dort stundenlang warten lassen.

Ich überlegte immer noch und kam zu dem Schluss, dass er seine Gründe hatte. Vielleicht hätte er mich – oder sich – in Gefahr gebracht, wenn er ins Café gegangen wäre und mich erlöst hätte. So wird es gewesen sein! Erleichtert wandte ich mich wieder Izzy zu.

"I may be a **crap** private investigator, but I say we should go home now before we meet those three idiots again."

crap beschissen

Zu Hause angekommen, goss ich erst einmal die Pflanzen auf der Feuertreppe. Das war auch bitter nötig, denn die Sonne trocknete die kleinen Töpfe rasch aus. Immerhin hatte die Schwarzäugige Susanne sich mit einigen Trieben bereits zweimal um das Geländer gewickelt. Die Pflanze wuchs wirklich schnell, und auch die Kapuzinerkresse hatte schon etliche Ranken gebildet.

Beim Betrachten der Pflanzen beschloss ich, demnächst dem *rooftop garden* einen erneuten Besuch abzustatten. Es hatte mir dort sehr gut gefallen, und – wer weiß – vielleicht traf ich Leroy und konnte ihn endlich einfach fragen, weshalb er sich immer so merkwürdig benahm. Mal abweisend, und mal soooo süüüüß.

Mit superschlechtem Gewissen dachte ich wieder einmal an Konrad. Dieser Honk meldete sich aber auch gar nicht. Vermutlich jagte er schon längst anderen

Mädchen nach. Das wäre mir eigentlich ganz recht, dann müsste ich auch kein schlechtes Gewissen haben. Ich würde ihm aber erst etwas von Leroy schreiben, wenn es etwas zu schreiben gab, das Konrad betraf. Bisher war alles nur eine einzige rosarote Luftblase mit grauen Tupfen.

Obwohl das Wetter wirklich brillant war, schaltete ich den Computer ein. Keine Mails für mich. Nicht von Britt, nicht von Konrad. Ich wollte gerade wieder offline gehen, als sich in meinem Posteingang etwas tat:

Meet you at the rooftop garden. Now. L.

Oh, Himmel, was war das nun wieder? Das konnte doch nur Leroy sein. Aber was wollte er von mir? Und woher hatte er meine Mailadresse?

Mein erster Reflex war, zum Telefonhörer zu greifen und Izzy anzurufen. Doch was, wenn sie mitkommen wollte? Das wollte ich nun doch nicht riskieren und ich verwarf den Gedanken sofort wieder.

I'm sure Leroy will talk to me if I'm alone. If I take Izzy with me, he might not be able to tell me whatever it is he wants to say. In meiner Aufregung merkte ich nicht einmal, dass sich meine Gedanken auf Englisch überschlugen.

Also ignorierte ich die anstehenden Hausaufgaben und sah noch mal bei Google Maps nach, wie ich laufen musste. Mit Dads Studentengruppe hatten wir so viele Stellen abgeklappert, dass ich den Weg aus der Erinnerung sicher nicht mehr finden würde. Ich hatte mir jedoch die Straßenecke gemerkt. Ich schnappte meine Tasche und ging los.

subway U-Bahn
track Schiene
pedestrian Fußgänger(in)
baggy schlabberig
pants *(AE)* Hose

Weil ich beim letzten Mal durch die Unterhaltung mit Dad abgelenkt war, hatte ich mir die Williamsburg Bridge gar nicht näher angesehen, aber mir fiel ein, was er in Berlin dazu gesagt hatte: "In the middle of the bridge there are two paths on each side of the **subway tracks**, one for **pedestrians** and one for cyclists, while the cars drive on the level below."

Auf dem Fußweg war ganz schön was los. Viele Leute kamen mir in Businessklamotten entgegen. Doch die Männer hatten ihre Krawatten gelockert und die Sakkos über die Schulter gehängt, weil es so warm war und sie Feierabend hatten. Frauen in engen Kostümen und Turnschuhen waren auch ein normales Bild in der Stadt. Ich wusste, dass sie ihre Stöckelschuhe in der Tasche hatten. Die unbequemen Dinger wurden jedoch nur zum Repräsentieren in der Firma getragen. Wollte man von A nach B, ging es schneller und fußschonender mit Sneakers. Auch ich war auf Sneakers unterwegs; das war ganz einfach praktisch. Und ob ich dazu ***baggy pants*** trug oder einen karierten Faltenminirock, wie jetzt, das war egal. Alles war erlaubt in der Stadt, die niemals schlief.

Die Skyline rückte mit jedem Schritt näher, und ich versuchte mich zu erinnern, wie ich danach weiterlaufen musste. Offenbar funktionierte mein Gedächtnis ganz gut, denn ich fand das Haus auf Anhieb. Auf

dem Weg nach oben stellte ich mir bestimmt zum hundertsten Mal die Frage, was Leroy wohl von mir wollte, aber auch im Aufzug fand ich keine Antwort.
Es war wieder ganz schön was los im Garten. Schließlich mussten die Pflanzen bei der Hitze auch reichlich gewässert werden.
Ich fand Leroy bei den Johannisbeersträuchern.
"Here I am!", sagte ich hinter ihm, und er zuckte zusammen, als hätte ich ihn bei etwas Verbotenem erwischt.
"Lady, do you want to give me a heart attack?" Er griff sich an die Brust und sah reichlich verwirrt aus. "What are you doing here?"
Nun war ich an der Reihe verwirrt auszusehen.
"You mailed me to come, and here I am, like I said."
Leroy zog die Augenbrauen zusammen und starrte mich an.
"I", er deutete auf sich, "mailed *you*", dabei zeigte er auf mich und betonte jedes einzelne Wort, "to come *here*?" Sein Zeigefinger folgte der Schwerkraft und zeigte nach unten. Ganz offensichtlich war die Mail nicht von ihm. Oder er war total plemplem.
"It *must* have been you. 'Meet you at the rooftop garden. Now. L.'", ziterte ich die E-Mail.
"What was the **sender's** address?"
Die Mailadresse! Auf die hatte ich überhaupt nicht geachtet. Zu sehr hatten mich die wenigen Worte verwirrt. Und selbst wenn – vermutlich war es irgendeine Hotmail-Adresse, die jeder binnen Sekunden einrichten konnte. Ich war wirklich ein Schaf.
Aber wer ...?

sender Absender

"Izzy!", entfuhr es mir. Wenn ich die erwischte!

Leroy grinste. "Girls ..." Er schüttelte den Kopf. "Does she want us to fall in love?"

My goodness, gab es hier kein Mauseloch, in dem ich dezent verschwinden konnte?

Leroy bückte sich und hielt mir eine Schüssel hin, die halb voll mit Johannisbeeren war. "Want some?"

"No, erm, yes, yes, thank you", stotterte ich und nahm mir ein paar von den roten Beeren heraus. Sie waren ein wenig sauer, und beim Essen kniff ich automatisch ein Auge zu, was Leroy veranlasste, wieder zu grinsen. Erst hatte ich ihn nur äußerst sparsam lächeln sehen, und nun trug ich offenbar sehr zu seiner Belustigung bei.

> **My goodness!** Du meine Güte!
> **redcurrant** Johannisbeere
> **to pick** pflücken
> **to observe** beobachten

"Well, now you're here, you could help me with the **redcurrants**. They need to be **picked**." Ich nickte und begann die Johannisbeeren von den Büschen zu zupfen. Dabei überlege ich krampfhaft, was ich sagen könnte. Die Situation war mehr als peinlich.

"What happened to your face and legs?", fragte ich schließlich, weil es mich wirklich brennend interessierte.

"I was playing lax today, remember?" Wieso mussten Jungs eigentlich immer blöde Antworten geben und mich aufziehen?

"Wrong answer. You were already hurt *before* the match."

"Is this part of your private investigator game? If you **were observing** me properly, you should know who

did that to me. And maybe you can explain why, because I don't know."
Mir fielen einige Johannisbeeren zu Boden, aber Leroy bedeutete mir, sie trotz allem in die Schüssel zu legen.
"We'll wash them later anyway."
"Leroy, I'm not playing a game. I thought you must be in trouble, because you weren't very nice to me when I visited the rooftop garden **the other day**. You told me not to tell anyone about it – you really scared me. I just wanted to get to know you better and to help you, if I can." Ich machte eine Pause, aber er tat mir nicht den Gefallen, irgendetwas dazu zu sagen.
"And I **swear** I only followed you that one day, when you saw me in the café. So I don't know who hurt you, and I certainly don't know why."
"That's good. You'll be safer if you don't."
Langsam wurde ich richtig sauer. Ich erzählte ihm, dass ich ihm helfen wollte, und er suchte immer neue Ausflüchte. Okay, wir kannten uns noch nicht besonders gut, aber ich hatte inzwischen nicht mehr den Eindruck, dass er mich nicht leiden konnte.
"Safer? It sounds as if you're fighting some kind of war! And if that's what it is, the enemy already knows me. So why are you talking about me being safe?"
Ich war echt auf hundertachtzig und muss ziemlich wütend ausgesehen haben. Doch was tat Leroy? Er lächelte wieder. Und strich mir mit seinem Zeigefinger die Wange entlang. Den Duft von Johannisbeeren würde ich von nun an lieben.

the other day vor ein paar Tagen
to swear (swore, sworn) schwören

"You like me, huh?", fragte er.
Ich war nicht fähig zu antworten. Dass ich ihn mochte, war allerdings stark untertrieben. Ich hatte mich total in ihn verknallt.
"You shouldn't like me. It might get you into trouble."
"But why? I don't understand a word you're saying."
"You don't have to understand. Maybe later everything will be okay."
"I don't like it when people talk in **riddles**. Obviously you're in some kind of trouble with Ramon and his gorillas. I can see that, I'm not stupid. And maybe I can help you, even though I'm a girl. Anyway, why don't you call the police? Those guys **beat** you **up**, didn't they? That's **assault**!"
"Maybe in your world it's easy to call the police. But not in mine. It might make things worse. Ramon and the idiots he hangs around with are just the **tip** of the **iceberg**. Even if the police arrested those three, there are others who'll do their job."
"Leroy, what do they want from you?"
Er wandte sich wieder den Johannisbeeren zu, wahrscheinlich, damit er mir nicht mehr in die Augen sehen musste.
"Are you **dealing** drugs, or guns?"
Er lachte kurz auf. "Don't be ridiculous! Anyway, if I was, they'd have a reason to treat me like this. Then I would **deserve** it. But I haven't done anything. They just need me to **succeed**."
"Succeed in *what*? And why *you*?"

riddle Rätsel
to beat sb up jdn verprügeln
assault Körperverletzung
tip Spitze
iceberg Eisberg
to deal handeln mit
to deserve verdienen
to succeed erfolgreich sein

"Because I'm the only one who can help them get what they need. I can't tell you what it is."
Mich verwirrte das alles nur noch mehr.
"So it's not drugs? But what was in the package you were carrying when you rode past on your bike, the day you saved me from Ramon and his friends?"
Leroys Mund verzog sich zu einem breiten Grinsen.
"Those three idiots thought it was **marijuana**. I'd heard somebody had stolen some from them. And when I saw you standing there, I thought that I could **attract** their **attention** and **draw** them **away** from you if I pretended it was me who'd taken it."
"Are you completely crazy? That was really dangerous! They could have killed you!"
Doch Leroy machte nur eine wegwerfende Handbewegung.
"And you still haven't told me what was in that package if it wasn't drugs."
"Seeds. Just seeds for the rooftop garden."
Er ging ein paar Schritte in Richtung eines kleinen Schuppens, der sich an die äußere Fahrstuhlwand schmiegte.
"Take a look. I still **have**n't **sown** them all."
Es konnte sich bei der Tüte, die er mir hinhielt, durchaus um das Päckchen handeln, das ich an jenem Tag gesehen hatte. Aber meine Zweifel waren noch nicht beseitigt. Konnte er nicht trotzdem mit Drogen zu tun haben?
"And what about the brown paper bag?"

marijuana Marihuana
to attract attention Aufmerksamkeit auf sich ziehen
to draw away weglocken
to sow (sowed, sown) säen

"Pardon?" Er wusste offenbar nicht, wovon ich sprach. Obwohl mir die Sache mit der Observation immer noch verdammt peinlich war, musste ich einfach erfahren, was für eine seltsame Übergabe das gewesen war.
Ich räusperte mich.
"Erm ... the day I was waiting in the café, I saw you come out of the house. You had one of those brown paper bags in your hand, and it was full of something. You threw it in a garbage can and took something else out."
Leroy sah mich verblüfft an und begann dann schallend zu lachen.
"Oh my God – I'm sorry, but this is so funny! Nina, you'll have a great **career** as a private investigator!"
Es fehlte nur, dass er sich auf die Schenkel schlug. Ich fand das leider nicht halb so witzig wie er.
Kurz bevor er keine Luft mehr bekam, beruhigte er sich.
"**Diapers**. The bag was full of dirty diapers. I don't know whether you know anybody who'd want to use this **stinky crap** as a drug, but I definitely wouldn't get a **dime** for it."
Er lachte wieder, und ich schaute ihn sauer an.
"And when I threw the diapers into the garbage can, my **wristwatch came loose** and fell in too. So I had to **reach in** and get it out. That was my **mysterious** drug handover."
"Okay, okay, stop laughing! How **was** I **supposed to**

career Karriere
diaper *(AE)* Windel
stinky stinkend
crap Scheiße
dime 10-Cent-Stück
wristwatch Armbanduhr
to come loose locker werden
to reach in hineingreifen
mysterious geheimnisvoll
to be supposed to do sth etw tun sollen

know that you carry diapers around town in your spare time? If you were me, you might have thought the same thing."

Im Übrigen kapierte ich trotzdem nicht, wieso er dreckige Windeln spazieren trug, aber ich hatte keine Lust, ihn das auch noch zu fragen. Vermutlich würde ihn überhaupt jede weitere Frage von mir zu einem erneuten Lachanfall hinreißen, und das brauchte ich gerade wirklich nicht.

"I don't think so. Girls make everything far too **complicated**. I wouldn't even have noticed the paper bag."

Auch wieder wahr. Männer!

Mein Blick fiel auf Leroys Armbanduhr. Verdammt, ich hatte vergessen, dass ich Mom versprochen hatte, heute für uns drei zu kochen. Dad und sie waren sicher bald zu Hause und würden bestimmt enttäuscht sein – und hungrig!

"I've got to go", sagte ich.

"Wait." Leroy sah mich bittend an. "I want to say sorry for what I said to you last time you were here. Or let's say *how* I said to you not to tell anyone about this garden or about me working here. I still don't want you to tell anyone. But I trust you now, so I don't have to **threaten** you like I did before."

"Is this also to do with those guys?", wollte ich wissen.

"**Drop it**, Nina, please. Promise me you won't think about it. You're better off not knowing anything."

Dann sah er mich wieder so seltsam an – und gab mir einen leichten Kuss auf die Wange. Es war wie die Be-

complicated kompliziert
to threaten bedrohen
Drop it. Lass es.

rührung eines Schmetterlingsflügels. Für kurze Zeit vergaß ich, wo ich war, wer ich war, und dass ich eigentlich dringend wegwollte.
Dafür schoss mir plötzlich ein Name durchs Hirn: KONRAD!

Catch 22

Dear Britti-Mouse,
I'm really in big trouble! I hope your computer embargo is **over** and you're able to read your mails, because I'll go completely mad if I can't talk to someone.
When I wrote to Konrad about nearly being mugged, I told him that someone **distracted** Ramon and his friends so they'd leave me alone. And I told you about that rooftop garden over in Manhattan. Well, Leroy, the guy who saved me from being **robbed**, does **voluntary** work in the garden. He's also my classmate. And he also has problems with Ramon's gang, and I want to help him. It's very complicated. Believe me, I don't understand it all either.
But actually that's not the trouble I'm in.

catch 22 Zwickmühle
over vorbei
to distract ablenken
robbed ausgeraubt
voluntary freiwillig
advice Rat
to be about to do im Begriff sein zu tun

Ich starrte aus dem Fenster und überlegte krampfhaft, was ich als Nächstes schreiben sollte.

Promise me you won't tell Konrad. If I have to tell him, I'll do it myself. But first I need your **advice**. Maybe you already have some idea what I**'m about to** tell you …

Ich atmete tief durch, bevor ich den Tasten anvertraute, was ich mir selbst kaum einzugestehen wagte:

I'**ve fallen for** Leroy. I swear I didn't want to; it just happened. He looks at me in a way that makes my heart beat faster. He touched my face and looked **deep** into my eyes, and yesterday evening he even kissed my **cheek**! I was so happy, but I also **felt** very **guilty**. I tried to **calm down** by thinking about the **distance** between Konrad and me, and that I'll probably never see him again anyway. But it still feels wrong. We had a good **relationship** in Berlin, and I really thought we loved each other. How could I forget all this after such a short time?

Then I was thinking about you and Chris. You didn't even manage to **keep** your love **alive** for one year, long distance.
So I suppose you're the perfect person to tell me what I should do now. And before you mention it: no, I don't think that I feel like this about Leroy just because he saved me from Ramon.

to fall for sb sich in jdn verknallen
deep tief
cheek Wange
to feel guilty Schuldgefühle haben
to calm down sich beruhigen
distance Entfernung
relationship Beziehung
to keep alive am Leben erhalten

Das hoffte ich zumindest.
Im Grunde konnte ich mir die Mail sparen. Vermutlich wollte ich sowieso nur hören, dass es völlig in Ordnung war, was ich tat. Und wenn ich weiter überlegte, wurde mir immer klarer, dass es nicht darum ging, ob ich

mich in Leroy verlieben durfte oder nicht – das war ohnehin zu spät. Wenn ich mir diese Gefühle jetzt und in nächster Zeit nicht erlaubte, was wäre dann in zwei oder drei Jahren? Würde ich dann immer noch sagen: "No thanks, I've got a boyfriend in Germany **whom** I haven't seen for years, and I'll probably never see him again, but we loved each other once and it wouldn't be fair to leave him?"

Nein, das ergab alles keinen Sinn. Mein Problem lag woanders:

> **whom** den
> **to confess** beichten
> **honest** ehrlich
> **to measure** messen
> **to spin (span, spun)** sich drehen

*Britt, I think I have to **confess** to Konrad. He doesn't deserve it, I know that. And I still have feelings for him. But he's so far away! And, to be **honest**, we don't even mail each other that often.*
*I know that's no way to **measure** our love, but it does make me wonder how strong it really is.*
What do you think? How can I tell him what I feel without hurting him too much?
Please, please, write back as soon as you can!
*My head **is spinning** – I don't know what to do.*
Hope you are okay!
Love,
Nina

Ich zögerte einen Moment – dann klickte ich auf "Senden". Britt würde wissen, wie ich es am besten anpackte. Ihr konnte ich vertrauen. Sie war nicht wie Izzy, aus der ich nicht richtig schlau wurde. Momentan schien meine Welt aus einem einzigen riesengroßen

Fragezeichen zu bestehen, das mich zu erschlagen drohte.
Ich hatte mich gestern nicht mehr bei Izzy gemeldet, und heute war keine Schule. Ich war davon überzeugt, dass *sie* mir die Mail in Leroys Namen geschickt hat. Vielleicht sollte ich ihr dankbar sein, denn das Treffen hat mir diesen wunderbaren Kuss beschert. Andererseits hat das die ganze Sache verkompliziert.
Mein Blick fiel auf den bunt beklebten Karton in meinem Regal, in dem ich Erinnerungsstücke an Berlin aufbewahrte. Ich zog ihn heraus, stellte ihn auf meinen Schoß und nahm den Deckel ab.
Britts selbst eingeschlagenes Notizbuch lag obenauf. Bisher war es mir zu schade gewesen, um es zu benutzen. Doch was für einen Sinn ergab ein leeres Notizbuch? Genau – gar keinen. Schön, ganz leer war es nicht, denn Britt hatte ja einige Karikaturen hineingezeichnet. Ich musste lächeln, als ich die Skizze von Frau Schaaf sah, die in wollig-weichem Schafspelz an der Tafel stand und schrieb: Ich bin ein Hammel, merkt euch das!
Ich beschloss, das Buch endlich doch zu nutzen. Die Rückseiten der Zeichnungen würde ich frei lassen, aber es war trotzdem noch genug Platz für eigene Notizen.
Ich legte das Notizbuch beiseite und blätterte das Erinnerungsalbum der Klasse durch, bis ich zu der Stelle mit Konrads Liebesgedicht kam.
"… *Our love lives everywhere …*"
Was hatte er zum Abschied gesagt?
"Damit du mich auch wirklich nie vergisst."
No, I won't forget you, Konrad. We had such a good

time together, although it was only for a few months.

Mit einem Mal packte mich eine unbändige Wut auf meinen Vater, der schon wieder unterwegs war, obwohl der Rest der Welt Wochenende hatte. Er hatte mir den ganzen Mist eingebrockt! Hatte es ihn überhaupt interessiert, was ich von diesem blöden Umzug hielt?

to get used to sth
sich an etw gewöhnen
opportunity
Gelegenheit

"You'll **get used to** it soon, don't worry", hatte er gesagt. "New York is such a great **opportunity** for you." Große Chance? Für ihn vielleicht. Aber welche Chance sollte *ich* bitte haben? Die Chance, von der Tellerwäscherin zur Millionärin aufzusteigen? Die Chance, eine von diesen Jugendlichen zu werden, die ohne Perspektive auf der Straße herumlungerten oder für einen Hungerlohn Tüten im Supermarkt einpackten? Oder würde mich mein Weg ans MIT, nach Harvard oder Stanford führen, wo ich mit lauter arroganten Schnöseln Jura, Informatik oder Wirtschaftswissenschaften studierte könnte? Gute und schlechte Chancen hätte ich auch in Berlin haben können. Aber die hätte ich dann wenigstens gemeinsam mit Konrad und Britt gehabt ... Wenn ich in Berlin geblieben wäre, dann hätte unsere Beziehung vielleicht ein Leben lang gehalten. Oder sie wäre irgendwann auf natürliche Weise zerbrochen, wenn ich Stress mit Konrad bekommen hätte. Aber dann wäre es meine Entscheidung gewesen, meine und Konrads, und nicht die meiner Eltern!

Ich schubste den Karton vom Schoß, warf mich aufs Bett und heulte über die Ungerechtigkeit der Welt.

Mystery Solved?

Entsprechend muffelig war ich in der nächsten Zeit. Ich ging meinen Eltern aus dem Weg und sprach nur das Nötigste mit ihnen. Falls sie sich darüber wunderten, konnten sie es gut verbergen. Ohnehin waren sie so sehr mit sich selbst beschäftigt, dass sie meinen Kummer vermutlich nicht einmal bemerkten. Daddy war dauernd auf dem Morningside Campus, aber auch Mom war nicht untätig. Sie hatte hier eine alte Freundin wiedergetroffen, die Berlin vor einigen Jahren verlassen hatte. Emma war Geschäftsführerin einer New Yorker PR-Agentur und sie hatte Mom einen Job als "Mädchen für alles" angeboten. Mom war dankbar dafür, denn die Aufgaben waren vielseitig, und sie arbeitete sich rasch ein. In Berlin hatte sie noch Angst gehabt, hier könnte ihr die Decke auf den Kopf fallen, aber das hatte sich damit erledigt.

mystery Geheimnis
to solve lösen

Ich war selbst kaum noch zu Hause. Lacrosse-Training und Schule, und dann noch – aber ich fange besser von vorne an:

Man konnte nie wissen, ob Leroy in der Schule auftauchen würde oder nicht, aber nach unserer Begegnung auf dem Dachgarten kam er regelmäßig.

Ich wusste nicht, was ich erwartet hatte, aber romantische Küsse fanden definitiv nicht statt. Er grüßte mich zwar, nahm aber sonst nicht viel Notiz von mir.

Eigentlich wollte ich Izzy nicht auf die Mail ansprechen, aber sie schlich ständig lauernd um mich herum und irgendwann hielt sie es nicht mehr aus: “Leroy seems to be being nicer to you now.”
“Hm.”
“I saw him say hello to you, and he smiled.”
“Hm.”
“Did something happen at the weekend? I didn’t hear a **single** word from you. No mail, no phone call, not even a tweet on your Twitter account.”
“I’ve been offline. No time.”
“Oh? Were you meeting someone?”

single einzig
Who does that leave? Wer bleibt also übrig?

Ich hatte sie bisher nicht angesehen, aber nun stemmte ich die Hände in die Hüften und drehte mich zu ihr.
“Marie-Louise Martens, did *you* send me this stupid e-mail?”
Sie tat überrascht. Allerdings war Schauspielerei ganz offenbar nicht ihre Stärke.
“Me? What e-mail?”
“I didn’t tell anyone about meeting Leroy at the rooftop garden. No one except you! Leroy definitely didn’t write me the mail to tell me to go there. So **who does that leave?**”
Izzy knautschte ihre Finger so sehr, dass ich glaubte, sie würden jeden Moment zerbrechen.
“I thought it would be a good idea for you two to meet. Alone.” Sie machte eine Pause. “I just wanted to help.”
Nun sah sie ziemlich kleinlaut aus. Was sollte ich machen? Sie hatte es sicher nur gut gemeint. Und mir zu einem Wangenkuss verholfen.

"Don't do it again!", knurrte ich und knuffte ihr auf den Oberarm, denn eine kleine Strafe musste sein.
"At least I know now that he's not a drug dealer."
"Really? But what was in the paper bag you told me about?"
"Dirty diapers." Ich lachte über Izzys entgeisterten Blick. So in etwa musste ich auch ausgesehen haben, als Leroy es mir erzählte.
"**Why the hell** is he walking around with dirty diapers? Were they his brother's and sister's? He doesn't live in that house you were watching – or does he?"
"I have **absolutely** no idea."
"Okay, come on. Let's go to the principal's office."
Izzy schleifte mich mit sich. Als wir vor dem Büro der Schulsekretärin standen, ging gerade die Tür auf und Mr Hopkins trat heraus, unser Tutor. Klassenlehrer gab es in dem Sinne nicht, da wir in Kursen unterrichtet wurden.
"Oh, hi, Mr Hopkins. We've just realized that Nina Clark still doesn't have a copy of our class list. I'd make a copy of mine, but it's disappeared. Do you have one **left** for her?" Sie strahlte Mr Hopkins so entwaffnend an, dass dieser sich sofort auf den Weg ins Lehrerzimmer machte und kurze Zeit darauf mit zwei Kopien der Adressliste unseres Jahrgangs wieder aus der Tür trat.
"Thanks a lot, Mr Hopkins!" Izzy zwinkerte mir zu.
"You're welcome. But **keep an eye on** it. Don't let it disappear again, Miss Martens."

why the hell warum zum Teufel
absolutely absolut
left übrig
to keep an eye on sth etw im Auge behalten

Wir gingen den Gang hinunter und setzten uns auf eine Treppenstufe.
"That was easy!", staunte ich. "We should have done that before."
"I forgot that we could ask Mr Hopkins. You should have been given the list on your first day at school."
Ich hatte währenddessen nach Leroy Cunningham auf der Liste gesucht und entdeckt, dass er in der Metropolitan Avenue wohnte.

to summarize
zusammenfassen
business suit
Geschäftsanzug

"I've never seen him there." Izzy bastelte sich drei hässliche Querfalten auf die Stirn. "He was on Wythe Avenue, Bedford Avenue, and Havemeyer Street." Für jede Straße tippte sie einen anderen Finger an.
"And on Roebling Street, where I was sitting in the café. Hm."
"Okay, let's **summarize**. Nearly every day after school he's in another place which is not his home. And he's carrying dirty diapers to a garbage can. Is there anything else you remember?"
Ich dachte kurz nach.
"There was this woman."
"What woman?" Izzy zappelte so ungeduldig, dass es eine Weile dauerte, bis ich den Gedanken richtig greifen konnte.
"Just after Leroy went into the house, a woman came out of the door. She was wearing a **business suit** and she was in a big hurry."
"Okay, but that's not unusual. Most people in this city are in a hurry."

Langsam war ich etwas genervt.
"Wait, Izzy, I haven't finished. A few hours later, the woman came back. And three minutes after she went in the door, I saw Leroy leave the house with the bag of diapers."
Izzy grübelte angestrengt, und dann fiel es uns beiden gleichzeitig ein: "Woman, diapers, little kids, different houses – Leroy's working as a babysitter!"
Ich schlug mir mit der flachen Hand vor die Stirn. Dass wir da nicht eher drauf gekommen waren! Die Frau hatte an dem Tag offenbar nur nachmittags gearbeitet, und Leroy hatte in der Zwischenzeit auf ihr Kind aufgepasst. Offenbar ging er häufiger nach der Schule bei verschiedenen Familien babysitten.
"But he's much to cool to be a babysitter", wandte Izzy ein.
"Maybe that's why he didn't want me to tell anybody. He's this gorgeous **sporty** guy, **good-looking** – " Izzy prustete neben mir los, aber ich ließ mich nicht stören.
"Good-looking and very cool. Maybe he just doesn't want to ruin his **reputation**. And since I saw him with Princess Brittany and Prince Robert –"
"With who?" Izzy hatte auch schon mal ein intelligenteres Gesicht gemacht.
"With his brother and sister. He introduced them to me as Princess and Prince. Very sweet."
"Leroy or the kids?"
"The way he introduced them, you stupid girl!" Izzy entwickelte sich langsam zu einer Kichernase wie Akiko.

sporty sportlich
good-looking gut aussehend
reputation Ruf

"What did I want to say?" Jetzt hatte sie mich völlig aus dem Konzept gebracht.
"You saw him with his brother and sister", half sie mir auf die Sprünge.
"Yeah. He was so sweet with them. I can imagine he's a brilliant babysitter."
"Okay, well, I can't **judge** that. So he spends his afternoons with little kids. Sounds boring."

to judge beurteilen
to skip schwänzen

Ich dachte kurz nach. Izzy hatte mich da auf etwas gebracht.
"Maybe it's more than that. He often **skips** school. Maybe on some of those days he's doing a babysitting job in the morning instead of coming to class!"
"You could be right. Clever girl! But we should go back, otherwise we'll be in trouble with Mrs Fletcher."

Blackmail!

Dear Nina,

I'm so sorry!

I would have written back sooner if I'd known you were in trouble. But today is the first day I was allowed to use my computer again, so I've only just read your mail.

Poor Nina. That's not the kind of situation I want my friend to be in. But I completely understand. Your relationship with Konrad has no future, **unless** he decides to move to New York, and I'm afraid that just isn't realistic.

I agree that you have to talk to Konrad and tell him what you think and feel. To be honest, I have the **impression** that he's thinking the same way. No, he doesn't have another girlfriend (at least, not at school), but he talks about girls when he's with the other boys. Maybe he's just trying to be cool. But I'm sure that one day there'll be another girl in his life, and he won't be able to say no any more than you.

You know what? I'm still not used to the fact that you aren't just on vacation in **the States**. I really hope we'll always stay **in touch**. And you can still be friends with Konrad. Being friends is **possible**

blackmail Erpressung
unless außer wenn
impression Eindruck
the States die (Vereinigten) Staaten
in touch in Kontakt
possible möglich

over a long distance, but to **go steady with somebody** means physical contact, and being able to share in the other person's **everyday life**.
Talk to Konrad as soon as possible.
I think you'll both feel better, and you won't have to worry any more.
By the way, I got a 4 in the maths test. Not a 5, thank God; but maybe my parents will finally understand that it's the maths and not my computer that's the problem! ;-)
Love
Britt
PS: What does Leroy look like? Is he hot?

to go steady with sb fest mit jdm zusammensein
everyday life Alltag

Ich lächelte. Oja, heiß war er, das konnte man ruhig laut sagen. Neulich hatte jemand einen Gettoblaster mit in die Schule gebracht. Ich wusste gar nicht, dass es die Dinger noch gibt. In der Pause dröhnte plötzlich von irgendwoher Hip-Hop über den Gang und ich sah Leroy mit einigen anderen tanzen. Wow, this boy's got rhythm! Das hatte mich so richtig angemacht. Wäre ich nicht schon vorher verknallt gewesen – in dem Moment hätte es mich sofort erwischt. Ich ertappte aber auch Leilani dabei, wie sie ihn mit offenem Mund anhimmelte. Er tat natürlich so, als würde er nichts bemerken.
Ich wusste nach wie vor nicht, woran ich bei ihm war. Es kam mir vor, als wartete er auf einen geheimen Startschuss. Er war nicht unfreundlich, aber er redete auch nicht viel mit mir. Nie standen wir in den Pausen

zusammen. Was allerdings auch daran liegen konnte, dass Izzy mir nicht von der Seite wich und auch Akiko und Leilani oft mit von der Partie waren.

Wir hatten jetzt sowieso einiges zu besprechen, weil die Lacrosse-Trainerin sich in den Kopf gesetzt hatte, mich beim nächsten Spiel zumindest auf die Ersatzbank zu setzen. Ich hatte nach der Verletzungspause wieder vorsichtig angefangen mitzutrainieren und stellte mich geschickter an, als ich es mir zugetraut hatte. Trotz allem fühlte ich mich weit davon entfernt, in einem *richtigen* Spiel mitmachen zu können – es sei denn, ich würde von der gegnerischen Mannschaft dafür bezahlt, dass unser Team verlor. Diese Aufgabe würde ich sicher mit Bravour erfüllen, denn ich lag doch ziemlich oft auf der Nase und ich hatte viel weniger Kondition als die anderen Mädchen. Immerhin hatte ich mich an die dauernd neuen blauen Flecken gewöhnt.

Ich wollte Britt gleich auf ihre Mail antworten, aber dann sah ich zur Uhr und stellte fest, dass ich schon wieder zu spät dran war. Ich hatte mich mit Izzy verabredet, um dieser Babysittersache näher auf den Grund zu gehen.

"Coming!" Izzy brüllte aus dem Fenster, als ich vor ihrem Haus stand. Sie war offenbar schon fertig und so musste ich nicht wieder in diesem komischen Fahrstuhl fahren. Kurz darauf hüpfte sie aus der Eingangstür. Sie trug mal wieder ihren Lieblingshut auf dem kurzen blonden Bob, lässig zwei T-Shirts übereinander und ihre olivgrünen Baggys. Ich weiß nicht, wie sie es anstellte, aber sie wirkte immer ziemlich cool in ihren Klamotten.

Während wir die Straße hinunterliefen, packte sie ihre Digitalkamera aus und schoss lauter alberne Fotos von mir. Unsere erste Station war das Haus in der Wythe Avenue. Die Haustür war nicht abgeschlossen und wir gingen hinein.

"Are you sure this is the house Leroy went into?" Ich fand, dass hier alles ziemlich etepetete aussah, und das passte irgendwie nicht.

"I saw it with my own two eyes. Relax, **babe**."

Ich war jedoch im Quengelmodus. "There are so many doors here. Which is the right one?"

"Let's check it out."

Wir liefen durch das Treppenhaus.

Klingelschilder, an denen ein männlicher Name stand, ließen wir zunächst außen vor. Schließlich fanden wir eine Tür mit einem selbstgemachten Schild – "Peter & Jen & Willie & Rachel" war auf bunte Luftballons gemalt.

"Let's try here."

Kurz nachdem Izzy den Klingelknopf gedrückt hatte, ging die Tür auch schon auf und eine Frau stand vor uns. Auf dem Arm hatte sie ein Baby, das vielleicht ein knappes Jahr alt sein mochte. Ich hatte mir noch nicht einmal zurechtgelegt, was wir eigentlich sagen wollten. Doch Izzy hatte offenbar einen Plan.

"Hello, ma'am! My name is Izzy and this is Nina. Leroy sent us to pick up his sweatshirt. He thinks he must have left it here."

"Sweatshirt? But it's so hot! Too hot for a sweatshirt. I didn't find anything like that. Are you sure he left it at our house?"

babe Baby

Volltreffer! Leroy war dort gewesen. Das mit dem Pulli war zwar echt eine doofe Ausrede im Hochsommer, aber der Trick hatte funktioniert. Die junge Frau fragte nicht einmal, woher wir Leroy kannten.
"Oh, maybe he **confused** it **with** one of his other babysitting jobs", sagte ich ins Blaue hinein.
So konnte ich vielleicht herausfinden, ob er wirklich als Babysitter unterwegs war. Da die Frau nichts Gegenteiliges sagte, konnten wir wohl davon ausgehen, dass er auf den kleinen Wonneproppen aufgepasst hatte, der da auf Mamas Arm thronte und ihr an den langen Haaren zog.
"Ouch, my hair! Don't do that, Willie, honey", säuselte die Mama und nahm energisch das Patschehändchen aus ihrer Frisur.
"Yeah, that's possible", sagte sie dann. "He's been kind of **stressed out** the last few weeks. He does get confused quite often – he probably left the sweatshirt somewhere else."
"Stressed out?" Ich war sofort hellhörig geworden. "Why's he stressed out?"
"I'm not sure. I think it has something to do with a football match."
"Football? I don't think so … Lacrosse, maybe?"
Die Frau tippte sich an die Stirn.
"Oh, yes of course! Now, that you mention it, it was lacrosse. He talked about it to Rachel."
Wie auf Kommando erschien ein blond gelockter Wirbelwind neben ihrer Mutter im Flur.
"Hi, Rachel!" Ich hockte mich hin, damit ich mit der

to confuse sth with sth etw mit etw verwechseln
stressed out gestresst

Kleinen auf Augenhöhe war. “I’m Nina. I’m a friend of Leroy’s.”
Sie strahlte mich an.
“Rachel loves Leroy. Don’t you, **sweetie**?”
“Yessssss!” Rachel hüpfte auf und ab.
“Rachel, what did he say about lacrosse?”
“He likes it. He’s good. But he has to play bad.” Sie grinste und drückte ihr Gesicht an das Bein ihrer Mutter. Dann drehte sie sich wieder zu uns und hopste weiter wie ein Gummiball.
“Why does he have to play bad? Who says so?”
“Bad people.” Rachel sprach jetzt mit tiefer Stimme, so tief es bei einem kleinen Mädchen eben ging, und rollte mit den Augen, bevor sie weitersprach.
“We met them. And they took my arm like thissssss!” Sie schnappte sich meinen Arm und hielt ihn mit aller Kraft fest.
“Rachel, you didn’t tell me about that!”
Die Mutter sah erschrocken aus.
“That’s why we always play inside now, Mommy. I told you.” Schwupp, schon klebte Rachel wieder am Bein ihrer Mutter.
“Oh my God! I really didn’t know that. Did they say anything else?”
“They were mean to Leroy.” Rachel machte jetzt ein richtig ernstes Gesicht. They said, ‘We’ll kill your babies, you’d better do what we say.’”
“Maybe you understood it wrong, honey?”
Izzy schaltete sich ein.
“Do you know what the bad people looked like? How many of them were there?”

sweetie Süße

“They had black hair and black eyes. One and one and another one.” Rachel hielt drei klebrige Fingerchen in die Luft.

Rachels Mutter sah uns an.

“I think we should tell the police about this. Don’t you?”

“Well … I’m not sure they’ll believe a little girl. Even one as **smart** as Rachel.” Ich zwinkerte dem Mädchen zu. “We’d better find another way. We need to find out more about it, then we can think what to do about these bad men.” Langsam schwante mir, was da vor sich ging.

smart klug
Yup. Ja, genau.
to force zwingen
to look after aufpassen auf
to blackmail erpressen

Wir versprachen Rachels Mutter, demnächst mit einer zündenden Idee wiederzukommen. Bis dahin sollte sie gut auf ihre Kinder aufpassen.

Draußen vor der Tür sahen wir uns nur an.

“Ramon and his two idiots.”

“**Yup**.”

“They**’re forcing** Leroy to make sure the Warriors lose a lacrosse match, otherwise their gang will hurt the children he **looks after**.”

“Yes. He**’s** actually **being blackmailed** by them.”

Das konnte echt nicht wahr sein! Das war so ziemlich das Hinterhältigste, wovon ich je gehört hatte.

“But why? It’s just a stupid schools game.”

Doch Izzy sah das anders.

“No, it isn’t. The champions get money for their team and for each player. This year there were a lot of sponsors, so there’s a lot of prize money.”

“But Ramon is a high-school drop-out. He’s got nothing to do with the lacrosse team any more.”
“Maybe we’re completely wrong. Come on, let’s go get something to drink. My brain **is melting**; I can’t think about anything right now.”
Mir ging es genauso, und so latschten wir die Straße hinab, auf der Suche nach etwas zu trinken. Wir fanden einen Coffeeshop und bestellten zwei eiskalte Cola.
Dann ließen wir uns an einem Tisch am Fenster nieder und versuchten, unsere Gedanken zu ordnen.
“We have to talk to Leroy”, sagte Izzy, doch ich war strikt dagegen.
“He didn’t want to tell me about it. He said I’d get in trouble if he did. He won’t be pleased if he knows we’ve found out.”
“Hm. Okay, let’s wait a bit. First of all, we need **proof** that the little girl was telling the truth.”
“Maybe we should go to the other addresses.”
Der Kellner stellte die zwei Cola vor uns ab.
“We should have asked Rachel whether she was alone with Leroy when it happened. He might have gone for a walk with several kids.”
“I don’t think so. And I don’t think the other parents know anything about it either.” Leroy ging mit den Kindern ja offenbar seit diesem Tag nicht mehr hinaus.
“So we really should talk to Leroy. We have to know whether we’ve guessed right. We can’t do anything to help him if we’re **on the wrong track**.”
“You’re probably right. But he absolutely **refused** to

to melt schmelzen
proof Beweis
on the wrong track auf dem Holzweg
to refuse sich weigern

talk to me about it. He'll be really angry if he knows we've been tailing him again. He didn't want me playing private investigator any more."
"It's okay – I'm right with you." Izzy legte fürsorglich ihre Hand auf meine, um mir ihre Unterstützung deutlich zu machen. Beruhigt war ich trotzdem nicht und lächelte entsprechend verkrampft.
Nachdem wir ausgetrunken hatten, machten wir uns auf den Weg in die Metropolitan Avenue zu Leroys Adresse.
Meine Hand zitterte, als ich auf den Klingelknopf bei Cunningham drückte. Erst war hinter der Tür das Getrappel kleiner Füße zu hören, dann Geschubse, Gekicher und Geschrei. Schließlich ging die Tür auf. Robert strahlte mich an und Brittany hielt sich den Kopf. Offenbar hatte Robert sie beim Kampf um den besten Platz an der Tür gegen die Wand geschubst.
"Hey, Princess Brittany and Prince Robert! Can I talk to Leroy?"
Beide schüttelten den Kopf. Brittany nahm dabei ihre Hand nicht weg, was ein bisschen seltsam aussah.
"Why?"
"He's at rooftop garden", teilte Robert mit.
"And he hasn't taken us with him!", brüllte Brittany beleidigt.
"Do you know why he went there alone?"
"He said it would be too dangerous for us. He's stupid." Um zu unterstreichen, *wie* doof Leroy war, tippte sich Brittany mit dem Zeigefinger der freien Hand gegen die Stirn, während ihre andere Hand noch immer die schmerzende Stelle rieb.

Izzy und ich sahen uns an. Noch ein Indiz.
"Brittany, Bob, who's at the door? You're not allowed to open it **by yourselves**!" Die Stimme ihrer Mutter war im Hintergrund zu hören, doch sie selbst tauchte nicht auf.
"It's Leroy's girlfriend!" Robert kicherte.
Die Mutter kam mit nassen Haaren im Bademantel um die Ecke.
"We're very sorry to **disturb** you. We just wanted to talk to Leroy. These little **cuties** just told us where to find him."
Leroys Mutter lächelte etwas gequält. "Cuties? **Cheeky** devils is a better word for them. **Hush**, go back to your room now, kids!"
Wir bedankten uns noch einmal und verließen das Haus.

by yourselves allein
to disturb stören
cutie süßer Fratz
cheeky frech
Hush! Still!

Strange Behaviour

Um jetzt noch nach Manhattan hinüberzulaufen, war es definitiv zu spät. Womöglich kamen wir bei dem *rooftop garden* an, wenn Leroy längst auf den Rückweg war. Wir beschlossen, ihn am nächsten Tag zur Rede zu stellen, und gingen nach Hause.

Oben angekommen, ging ich zuerst zur Feuertreppe. Ich goss die Pflanzen mit lauwarmem Wasser, damit die Wurzeln keinen Kälteschock bekamen. Es war den ganzen Tag über so heiß gewesen, dass Kapuzinerkresse, Schwarzäugige Susanne und Tomaten ganz schön die Blätter hängen ließen. Die Blechdosen heizten sich zusätzlich auf. Wenn das jetzt mal nicht zu spät war!

behaviour Verhalten

Mom hatte einen ganzen Stapel Thunfischsalat-Sandwiches gemacht. Da konnte ich ebenso gut Hello-Kitty-Toasts essen. Doch anscheinend kam man in diesem Land gar nicht umhin, öfter mal Junk-Food zu sich zu nehmen – vor allem, wenn man immer viel vorhatte.

Als wir aufgegessen hatten, schleppte Mom mich auf die Terrasse.

“Schau mal, das hat Emma mir gegeben.” Auf der Ter-

rasse thronte ein riesiger Pflanztopf mit einer stattlichen Zucchinipflanze.
"Emma hat zu viele Zucchini gesät. Ich hab vorhin erst mal Erde und einen größeren Topf gekauft. Das war vielleicht 'ne Schlepperei!"
"Und du meinst, das wird was im Topf?"
"Aber klar. Emma betreibt auch nur ***container*** *gardening*, und sie sagt, die Ernte sei in jedem Jahr großartig. Außerdem hast du ja auch Tomaten im Topf."

container Behälter

"Besser Tomaten im Topf als auf den Augen", kalauerte ich. Dabei wurde mir klar, dass wir tatsächlich Tomaten auf den Augen gehabt hatten. Warum sonst hatten wir nicht eher bemerkt, was Leroy in seiner Freizeit trieb.
Aber was wir nun mit unserem Wissen anfangen sollten, war mir noch nicht klar. Ich hatte das dumpfe Gefühl, wir sollten lieber die Polizei einschalten, bevor einem der kleinen Süßen am Ende noch etwas geschah. Das waren mafiöse Zustände!
Ich betrachtete noch einmal die hübsche gelbe Zucchiniblüte und dachte daran, wie Leroy auf dem Dachgarten mit Brittany und Bob herumgetollt war. Er war immer nur mit kleinen Kindern zusammen, wie es schien, außer in der Schule und beim Lacrosse-Training. Selbst auf dem Dachgarten hatte er offenbar nicht viel Kontakt zu anderen. Und wer so einsam herumlief, war angreifbar.
Mein Blick wanderte von der Zucchinipflanze hinüber nach Manhattan, und da kam mir eine Idee: Wir würden Leroy einen Besuch auf dem *rooftop garden* ab-

statten. Es würde ein ganz besonderer Besuch werden, und ich war nicht sicher, ob er sich darüber freuen würde. Doch mein Helfersyndrom war erwacht. Ich würde nachher Izzy anrufen und alles mit ihr besprechen. Doch zunächst musste ich Britt endlich auf ihre Mail antworten. Ich konnte schlecht erst drängeln und mir dann selbst so viel Zeit lassen. Zwischendurch hatte ich ihr ein Lebenszeichen per *direct message* getwittert, doch sie hatte eine anständige Antwort verdient. Also ging ich in mein Zimmer, fuhr die Kiste hoch und startete mein Mailprogramm. Diesmal wartete keine gefakte Mail auf mich, bloß der übliche Spam von Kredithaien und Werbung für ***penis enlargement***. Ich löschte den Unsinn sofort und machte mich ans Schreiben:

penis enlargement Penisvergrößerung
kitschy kitschig
thought Gedanke

Dear Britti-Mouse,
To answer your last question first: Yes, Leroy is hot! Maybe I'll burn my fingers ... He's black and beautiful, with cornrows in his hair and eyes as dark as midnight.
Okay, okay, it sounds **kitschy**, I know. I'll stop.
By the way, it wasn't so bad that you didn't mail back immediately. It had already helped just to write my **thoughts** down. But it's good to know that you think the same as me. I'll call Konrad as soon as I can.
Things here are getting quite exciting. Izzy (I already wrote about her) and I found out that Leroy works as a babysitter, and that he's being

threatened by Ramon's gang that wants to stop Leroy's lacrosse team from winning the finals.
It's completely crazy, but the gang has said it will hurt the little kids he looks after if he doesn't do what they tell him.
So, as I already said, you don't have to live on skid row here to find yourself in danger.
I'm sorry to hear about your maths test. Maybe you should have some maths **coaching**? You don't want to risk failing your exam.
On a more cheerful note, I**'ve** taken a photo of my plants on the fire escape and **attached** it to this mail, with another one of the view across Manhattan. I wanted to take a photo of my room too, but I haven't tidied up, so I'll do that next time. It's a real mess in here, believe me!
I have to stop here for now. My homework is waiting for me and I'm already tired.
Next time, send me some news about Frau Schaaf and our classmates.
I miss you all!
Love,
Nina

coaching Nachhilfe
on a more cheerful note nun zu etwas Erfreulicherem
to attach anhängen

Ich quälte mich durch sinnlose Physik-Hausaufgaben und beschloss hinterher, mir zur Ablenkung noch ein paar Videos auf *YouTube* anzuschauen. Nachdem ich mich durch einige Quatschvideos gelacht hatte, gab ich bei der Suche aus Spaß "Warriors" und "Brooklyn"

ein. Und tatsächlich hatten einige Leute das eine oder andere Warriors-Spiel aufgezeichnet.
Die Qualität war bei den meisten Videos grottenschlecht, weil sie vermutlich mit dem Handy aufgenommen waren. Trotzdem war Leroy schon an seiner Silhouette zu erkennen und anhand der geschmeidigen Art sich zu bewegen. Er war der Spielmacher, daran bestand absolut kein Zweifel. Nicht umsonst hatte er das Team von ganz unten bis an die Spitze gebracht. Logisch, dass das die anderen nervte. Besonders die Tigers, die seit sechs Jahren kein Finale verloren hatten. Jetzt waren sie sogar schon vorm Endspiel ausgeschieden.
Ich überlegte einen Moment und schaltete MSN ein. Izzy war *on*, und ich schickte eine kurze Nachricht:

NINA: *It can't be the Tigers who are threatening Leroy. They're already out of the game. Who's playing in the other semi-finals?*

Ich hatte das schlicht vergessen, weil es mir vorher nicht wichtig erschienen war. Izzy antwortete prompt:

IZZY: *Panthers and Devils*

NINA: *When's the match?*

rather besser
spectator Zuschauer

IZZY: *Tomorrow*

NINA: *We have to watch it. Or* ***rather****, we have to watch the* ***spectators****.*

IZZY: Okay. But I still can't find a link to Ramon. He went to our school before he dropped out.

NINA: What about **revenge**?

IZZY: Maybe. I have to think about it.

NINA: Me too. But I'm too tired right now. **CU 2moro**!

IZZY: **Night night**! Sleep well!

revenge Rache
CU 2moro (= see you tomorrow) Bis morgen.
Night night. Gute Nacht.
vegetable patch Gemüsebeet
hollowed-out ausgehöhlt

Trotz allem sah ich bei *YouTube* noch rasch nach Panthers und Devils. Und ich fragte mich, wie die beiden Mannschaften überhaupt so weit kommen konnten. Nach den Filmchen zu urteilen, hatten alle Spieler linke Füße und linke Hände. Egal, darüber konnte ich später nachdenken. Ich fuhr den Rechner runter, huschte durchs Bad und ging ins Bett. Aus dem Nachdenken wurde jedoch nichts, denn ich schlief gleich bei Matratzenberührung ein.

Ein wirrer Traum suchte mich heim, den ich nach dem Aufwachen sofort in das Notizbuch schreiben musste, das Britt mir geschenkt hatte:

Leroy was playing lacrosse with the girls' team in the middle of the **vegetable patch** on the rooftop garden. The goal was a huge **hollowed-out** pumpkin. Just when Leroy was throwing the ball into the pumpkin, Ramon appeared behind a **rosebush** – the one that **was being pruned** by the old ladies when I was at the rooftop garden the first time. Ramon was carrying little Brittany in his arms. He went to the **edge** of the roof and held her by one leg **upside down** over the edge. But now it wasn't Ramon any more, it was Konrad! Konrad **let go** of Brittany's leg, and she fell ten floors to the ground. Leroy's scream **echoed** between the skyscrapers and I woke up.

rosebush Rosenstock
to prune stutzen
edge Rand
upside down mit dem Kopf nach unten
to let go loslassen
to echo widerhallen

Mein Schlaf-T-Shirt war beim Aufwachen zum Auswringen nass gewesen, und mein Herz hatte irre laut geklopft. Es wurde Zeit, dass ein wenig mehr Ruhe und Ordnung in mein Leben einkehrte. Ich hoffte, ich würde am nächsten Tag endlich eine Gelegenheit – und den Mut – finden, Konrad reinen Wein einzuschenken.

Ich war völlig erledigt, als ich am nächsten Tag in der Schule aufschlug. Der Albtraum wollte mir nicht aus dem Kopf gehen, und ich beschloss zu handeln. Als ich Leroy auf dem Gang vor unseren Schränken begegnete – Izzy und die anderen Mädels waren wundersamerweise einmal nicht in meiner Nähe –, startete ich einen Frontalangriff: "Leroy, I've got to talk to you."

Seine Augenbraue wanderte nach oben.
"We know you're being blackmailed, and we're going to help you."
Doch anstatt mich dankbar anzulächeln, wurde Leroy extrem wütend.
"You stupid, **interfering** girl! Didn't I tell you to **keep away** from all of this? It's **none of your business** – it's my problem! You have no idea what you're doing!"
Er ruderte mit den Armen und klappte den Mund auf und zu, als wollte er noch etwas sagen. Doch dann entschied er sich anders und ergriff die Flucht. So wirkte es zumindest auf mich. Ich verstand sein Verhalten überhaupt nicht. Wieso zum Teufel wollte er sich nicht helfen lassen? Weil ich ein Mädchen war? Weil er überhaupt zu stolz war um Hilfe anzunehmen? Wie ich es auch drehte und wendete – Leroys Verhalten ergab in meinen Augen einfach keinen Sinn.

to interfere sich einmischen
to keep away fernbleiben
It's none of your business. Es geht dich nichts an.
to adopt anwenden
on one's own alleine

"What happened?" Izzy bog um die Ecke und sah Leroy erstaunt hinterher.
"I wanted to talk to him. I told him that we knew he was being blackmailed, but he went completely off his head."
"Okay, so we have to **adopt** Plan B."
"Fine. What *is* our Plan B?" Ich konnte mich nicht erinnern, dass wir schon darüber gesprochen hatten.
"No idea", musste Izzy zugeben.
"First of all, we need help. We can't deal with this **on our own**. Someone might get hurt, or even killed."

"You've been watching too much television", stellte Izzy trocken fest.

"Why? People who beat people up and blackmail them and threaten little kids to get what they want **are** perfectly **capable of** killing someone, even if only **accidentally**." Zugegeben, ich war noch immer ziemlich von meinem Traum geschockt, aber möglich war alles. Ramon hatte Izzys Handy abgezogen, wollte auch mich ausrauben und hatte die kleine Rachel am Arm gepackt, um zu demonstrieren, dass er nicht davor zurückscheuen würde, auch kleinen Kindern etwas anzutun. Izzy schienen ähnliche Gedanken durch den Kopf gegangen zu sein, denn sie stimmte mir schließlich zu: "Okay, okay, you've convinced me. I agree, we have to **involve** someone else in our **non-existent** plan."

to be capable of sth
zu etw fähig sein
accidentally
aus Versehen
to involve
einbeziehen
non-existent
nicht vorhanden

"Yes, we do. And it isn't non-existent. I've just had an idea – I think I know what might work ..."

Die Idee war mir eben erst gekommen, aber ich war ziemlich sicher, dass das Eindruck auf die Kerle machen würde. Und die Polizei konnten wir auf diese Weise locker heraushalten.

Long-Distance Call

Dear Nina,

Your plants look so **cute**, and the view is really gorgeous! I wish I **could afford** to visit you during the summer vacation, but I've completely **run out of** money. I don't know how that happened. I'm afraid I'll have to look for a job this summer instead of traveling to New York.

But when I saw your photo, I took the tomato can my mother was putting in the trash, and prepared it just like yours. Patty's mother has a little **greenhouse** with some **leftover** seedlings, and they gave me a **marigold** and a tiny tomato plant. The tomato is already sitting in its new home on my window sill. But now, I have to convince Mommy to use more **canned food** so I'll have some more "**accommodation**" for the marigolds. Is gardening **infectious**? I'm addicted to it now. I'm thinking about having my own **flowerbed** in the garden.

But what's all this about this evil gang threaten-

cute niedlich
to be able to afford sich leisten können
to run out of sth etw nicht mehr haben
greenhouse Gewächshaus
leftover übrig geblieben
marigold Ringelblume
canned food Konserven
accommodation Unterkunft
infectious ansteckend
flowerbed Blumenbeet

ing little children? Nina, I'm really worried. Please take care of yourself! Don't do something you might **regret**. I'm not sure whether everyone really does carry a gun in the States, but you should definitely **take** it **into consideration**.
I'm guessing you haven't called Konrad yet? He doesn't seem to be acting any differently.
You asked me about Frau Schaaf, and I have to tell you that the "Hammel" has been sick for a few weeks. So we have a substitute teacher for our Biology lessons. He's only about thirty years old and very good-looking ... Don't you dare tell Paul I said this!
By the way, he **sends** his **regards** and so does everyone in our class. We all miss you so much!
I'm keeping my fingers crossed that everything will be okay with you and Konrad, and with Leroy and the gang.
Love,
Britt

to regret bereuen
to take sth into consideration etw berücksichtigen
to send one's regards grüßen

Meine Hand schwebte über dem Telefon. Bestimmt seit fünf Minuten. Das war blöd, denn ich war extra ganz früh aus der Schule nach Hause gekommen, damit ich Konrad nicht zu nachtschlafender Zeit aus dem Bett klingelte. Eigentlich wollten wir heute Plan B anleiern, doch das Spiel der Devils gegen die Panthers war heute Nachmittag, und da mussten wir unbedingt als Beobachterinnen teilnehmen. Und ich wollte den Anruf

endlich hinter mir haben, um mich ganz auf unsere Rettungsaktion konzentrieren zu können.
Die Hand zitterte und mir war übel. Am liebsten wäre ich jetzt ganz weit weg gelaufen, aber das war Unsinn. Ich *war* bereits ganz weit weg. Natürlich könnte ich Konrad einfach im Unklaren darüber lassen, dass ich mich tausende von Kilometern entfernt in einen anderen Jungen verknallt hatte. Es war nicht mal gesagt, dass ich jemals mit Leroy zusammen sein würde. Es gab Jungs, die küssten jedes Mädchen. Und es war ja auch nur ein Kuss auf die Wange gewesen, herrjeh, nichts, was man überbewerten müsste.
Aber ich musste doch reinen Tisch machen, denn wenn es nicht Leroy war, würde es irgendwann jemand anders sein. In Berlin hatte ich noch nicht begriffen, dass es wirklich kein Zurück mehr geben würde, zumindest für viele Jahre nicht. Ich glaube im Nachhinein, ich habe diesen Umzug mit allen Konsequenzen gar nicht richtig ernst genommen.
Ich wollte Konrad nicht belügen, egal ob er in derselben Stadt wohnte oder auf dem Mond. Das hatte er nicht verdient. Und per Mail wollte ich es ihm auch nicht sagen. Das war zu unpersönlich. In der Parallelklasse in Berlin hatte mal ein Kerl mit einem Mädchen per SMS Schluss gemacht, und das fand ich völlig daneben. Feige war noch ein zu nettes Wort dafür.
Ich wollte nicht feige sein und wählte endlich 01149 für Deutschland, 30 für Berlin, und Konrads achtstellige Nummer. Erst tat sich nichts in der Leitung, außer dass es raschelte und knackte. Dann endlich tutete es,

doch es klang, als hätte jemand Watte in die Leitung gestopft.
"Ja?"
Oh Gott, er ist rangegangen!
"Konrad?"
"Ja?"
Hörte er denn nicht, dass ich es war?
"Hier ist Nina."
"Oh, hi, schön, dass du anrufst! Wie geht's dir da drüben? Hast du dich endlich eingelebt? Man hört ja gar nichts mehr von dir."
"Ähm, ja, alles prima. Du hast dich aber auch schon eine Weile nicht mehr gemeldet. Wollte mal hören, wie es so läuft." Oje, ich würde doch wohl hoffentlich noch zum Punkt kommen? Jetzt bloß nicht kneifen!
"Ja, viel Stress in der Schule. Das Übliche."
"Konrad, ähm, ich weiß nicht so genau, wo ich anfangen soll ..."
Eine peinliche Pause entstand, doch bevor ich weiter herumstammeln konnte, erlöste mich Konrad.
"Du willst mit mir Schluss machen."
"Oh Gott, nein, so würde ich das nicht ausdrücken!"
"Wie würdest du es denn dann ausdrücken? Ist anständig von dir, dass du extra anrufst und nicht mailst, aber wenn du so herumstotterst, ist doch klar, was kommt. Es war doch ohnehin eine Frage der Zeit."
Jetzt bloß nichts Falsches sagen! Er klang so gekränkt und verletzt.
"Kon, ich will doch gar nicht Schluss machen. Ich hab dich immer noch furchtbar gerne, das weißt du doch. Aber du bist so entsetzlich weit weg. Und ich, okay,

ich hab mich ein bisschen verknallt. In einen Jungen, den ich tagtäglich direkt vor der Nase habe. Ich weiß nicht mal, ob er überhaupt was von mir will, aber ich möchte dich bitten, dass du immer mein Freund bleibst, solange ich lebe. Ich will nur kein schlechtes Gewissen haben, wenn ich irgendwann doch mit einem anderen zusammen bin. Du wirst in meinem Herzen immer einen Platz haben."

Den letzten Satz musste ich in einer schlechten Soap aufgeschnappt haben, aber es war etwas Wahres dran, auch wenn es total bescheuert klang.

"Du in meinem auch, Ninchen."

So hatte er mich genannt, nachdem wir uns das erste Mal geküsst hatten. Ich biss mir auf die Lippen, um nicht am Telefon loszuheulen.

"Es war wohl unrealistisch zu glauben, dass wir es packen. Ich hab nicht mal Geld, um dich zu besuchen."

Er atmete tief durch.

"Und wenn ich ehrlich bin, ich schaffe es auch nicht, die ganze Zeit vor der restlichen Frauenwelt die Augen zu verschließen."

Konrad lachte unsicher, und mir fiel ein Felsbrocken vom Herzen, auch wenn ich gleichzeitig prompt einen Piekser Eifersucht spürte. Obwohl ich nun die Letzte war, die einen Grund dazu gehabt hätte – ich treulose Tomate. Doch seine Reaktion zeigte mir, dass auch er sich schon gefragt hatte, ob und wie das mit uns weitergehen sollte. Im Grunde waren wir blöd gewesen: Wir hätten es *vor* meinem Abflug klären müssen. Aber da glaubte ich ja noch gar nicht recht daran, dass wir uns niemals wiedersehen würden.

Wir tauschten noch ein paar Sätze, an die ich mich hinterher nicht mehr erinnern konnte. Die Situation war für uns beide ziemlich unangenehm, und ich wurde das Gefühl nicht los, dass ich nie wieder etwas von Konrad hören würde.

Ich merkte, dass ich den hektisch tutenden Telefonhörer in der Hand hielt, während mir Tränen über die Wangen liefen und meine Wimperntusche in langen schwarzen Spuren im Gesicht verteilten. Ich legte auf und ging ins Bad, um mich für das Spiel Panthers gegen Devils wieder in einen ansehnlichen Zustand zu verwandeln. Ich sah tatsächlich aus wie dieser alte Rocker Alice Cooper, von dem Mom mir mal ein Poster gezeigt hat, dass sie seit ihrer Jugend aufbewahrte. Aber nicht nur die schwarzen Streifen waren hässlich – ich sah überhaupt furchtbar aus. Ich bildete mir sowieso nur ein, dass Leroy mich vielleicht mochte. So ein gut aussehender Typ machte sich doch eh nichts aus einem grauen Mäuschen wie mir. Vor allem, weil ich ständig neben Izzy stand, deren Glanz alles andere überstrahlte, so hip und cool, wie sie war. Da fielen die Unterschiede zwischen uns noch mehr auf. Oder, um Tacheles zu reden: Neben ihr war ich ein Nobody.

Ich schickte den Tränen noch ein paar selbstmitleidige hinterher und sah mir im Spiegel beim Weinen zu. Schließlich streckte ich der Heulsuse die Zunge raus und schöpfte mir eiskaltes Wasser ins Gesicht.

Izzy merkte zum Glück nichts, als wir uns trafen, um die letzten Meter zum Sportplatz der Devils gemeinsam zurückzulegen, wo das zweite Halbfinalspiel stattfinden würde. Es waren schon einige Fans beider Mannschaften versammelt, doch noch konnte man die Menge gut überblicken. Wir suchten uns einen günstigen Platz und nahmen unsere Beobachtertätigkeit auf.

"Look, my mom had some **opera glasses**. Small **binoculars**. I found them in a box last week."

"Isn't that too obvious?" Wir würden doch sicher auffallen.

"Oh, I don't think so. Everyone else is using them."

Tatsächlich. Es hockten etliche Leute im Publikum, die hin und wieder durch ein Fernglas guckten. Dabei hatte das Spiel noch nicht einmal begonnen.

opera glasses Opernglas
binoculars Fernglas
Bingo! Volltreffer!

"May I have a look?" Ich streckte die Hand nach dem Opernglas aus, und Izzy gab es mir. Mir wurde zunächst ein bisschen schwindelig, weil ich durch so ein Ding noch nie durchgeschaut hatte. Doch bald kam ich halbwegs klar. Ich richtete den Blick auf den Eingang des Sportplatzes.

"**Bingo!** Here they come! One, and one, and another one bad men." Mir hatte gefallen, wie die kleine Rachel die Zahl Drei ausgedrückt hatte.

Ich gab Izzy das Opernglas zurück. Sie sah hindurch und nickte grimmig.

"Now we have to watch who they talk to and what they're doing."

Doch die drei standen zunächst völlig teilnahmslos herum. Unsere Aufmerksamkeit ließ ein wenig nach, als sich die Zuschauertribüne füllte und ein offenbar angetrunkener Panthers-Fan schiefe Gesänge zum Besten gab. Jemand blieb auch noch genau vor uns stehen, und als die Sicht wieder frei war, war Ramon mit einem seiner Bodyguards verschwunden.

"Shit! Did you see where he went?"

"No. But give me the opera glasses. I'll keep watching the one who's still standing there. Maybe he'll give us a clue as to where we should look."

Sie starrte einige Zeit reglos auf den Kerl, doch dann lächelte sie und schwenkte das Fernglas.

"I knew it! He's over there." Sie gab mir das Fernglas und dirigierte meinen Blick an die richtige Stelle.

"He's standing in the Panthers crowd and talking to their number ten."

"Maybe he's giving a Panther some advice on how to play well", gab ich zu bedenken.

"**In your dreams!** More **likely** he's threatening a Panther to make him play badly. This seems to be his usual **method**."

"Izzy, I saw both teams on YouTube. They *always* play badly. How did they get this far? If it were possible, both teams would lose the match. Not a **draw** – two losers."

Izzy grinste, wurde aber rasch wieder ernst.

"Nina, should we **carry out** Plan B today? So that the Devils team gets **disqualified** straight away?"

"And the Warriors win without playing? I'm not sure whether they'd get the prize money then. And anyway, it's just possible we're on the wrong track. Let's watch the match and talk about it afterwards."

In your dreams! Träum weiter!
likely wahrscheinlich
method Methode
draw Unentschieden
to carry out ausführen
disqualified disqualifiziert

Wir mussten uns noch eine Viertelstunde bis zum Anpfiff gedulden. Was wir dann sahen, war ein gähnend langweiliges Spiel. Hin und wieder zeigte ein Spieler etwas Einsatz, doch insgesamt war die Kondition beider Mannschaften einfach schlecht. Und das gleich im ersten Viertel!

"I really want to go home", quengelte Izzy in der Pause. "It's so boring! I should **video** the match and watch it at night when I can't fall asleep."
"Damn right. But did you see their number ten lying on the floor every two minutes?"
"No. I can't **concentrate** on this **shitty game**."
"I'm sure he's doing it **on purpose**. And he hasn't scored a single goal."
"Maybe he's just not that good."
"Izzy, didn't you notice everyone around us **murmuring** whenever he **messed up**? You must have been asleep. Wait a minute."
Ich beugte mich zu dem Mädchen, das vor mir saß.
"Hi, can you tell me something about the Panthers' number ten? He's really hot, isn't he?"
Das Mädchen drehte sich zu mir um.
"Yeah, he usually is. But someone must have given him **tranquilizers** today. He's the team's big **scorer**, but today he's just a big nothing. You want his phone number? You can ask his girlfriend. She's over there."

to video auf Video aufnehmen
to concentrate sich konzentrieren
shitty game Scheißspiel
on purpose absichtlich
to murmur murren
to mess up es vermasseln
tranquilizer Beruhigungsmittel
scorer Torschütze

Sie zeigte auf eine kleine Rothaarige, die am Spielfeldrand stand.

to transfer übertragen
affection Zuneigung
weird seltsam

Ich lächelte das Mädchen freundlich an. “Oh, no, thanks. I thought he was still on the market.”

“**Transferring** your **affection**?”, fragte Izzy und feixte neben mir.

“Very funny.” Ich verzog das Gesicht. “But you heard her. There’s definitely something **weird** going on.”

Nach der Pause ging es härter zur Sache. Die Devils foulten am laufenden Meter, aber immer so geschickt, dass der Schiedsrichter kaum Strafen aussprechen konnte. Und die Panthers – bis auf die Nummer zehn – schlugen mit der Wut der Verzweifelten zurück.

Zum Schluss stand es 17:11 für die Devils.

Ich suchte Ramon mit dem Opernglas und sah ihn zum ersten Mal grinsen.

The Final Match

Dear Britti-Mouse!

So you've got the gardening virus too! I'm **proud** to **have infected** you! I hope you'll mail me some photos of your work. ;-)

I guess you probably know by now that I called Konrad a few days ago. I'm afraid he'll never talk to me again. It really hurts, but I have another life over here and it was the right decision to make a break. Now my head is clear and I'm ready for new experiences.

So Frau Schaaf is sick? I hope it isn't anything serious. But I **bet** you're happy! Everybody knows she hates you – she's always so mean to you. I bet your grade will improve with the substitute teacher.

About Leroy, the kids and those idiots who are blackmailing him – don't worry about it! We know now what we're going to do. The only problem is that we only have two days to fix it all before the final lacrosse match. Izzy and I don't have time to do our homework, because we're spending all our time out in the city, **mobilizing** everyone. We're going to stop Ramon's gang from black-

proud stolz
to infect anstecken
to bet (bet, bet) wetten
to mobilize mobilisieren

mailing innocent people. We already have a **bunch** of people who've joined us, and I **reckon** it's going to work. Keep your fingers crossed!
Love,
Nina

bunch Haufen
to reckon vermuten
to put sb on the bench jdn auf die Bank setzen
This is the last straw. Jetzt reicht's.
to kiss sb's ass jdn am Arsch lecken
to fuss Theater machen
to drive oneself crazy sich verrückt machen
psychiatrist Psychiater(in)

Die beiden nächsten Tage vergingen wie im Flug. Kein Mensch dachte noch an Schule, alle redeten über das bevorstehende Spiel. Alle – außer Leroy. Der war jeden Tag stiller geworden und erschien am Freitag mal wieder nicht zum Unterricht.
"I'm going to go and convince the trainer **to put** Leroy **on the bench**", fauchte Zach vor dem letzten Training. "**This is the last straw**!"
Wütend zischte er ab.
Ich wandte mich an Izzy. "I'm worried about Leroy. Maybe he told Ramon to **kiss his ass**, and Ramon beat him up – or worse."
Vielleicht war unser Plan doch nicht so genial wie ich gedacht hatte.
"Start worrying if Leroy isn't here *tomorrow*, honey. You really should stop **fussing**; you're **driving yourself crazy**. I know a good **psychiatrist**, if you think it would help."
"Don't you dare ...!", drohte ich ihr lachend, wurde aber gleich darauf wieder ernst. Wie ich die Zeit bis zum Anpfiff morgen überstehen sollte, wusste ich noch nicht.

"Look, calm down. We've fixed everything. We'd better go home now and do something else."
"Homework, for example. I'd completely forgotten about the music test next week. **Circle of fifths**. I hope I'll be able to concentrate."

circle of fifths
Quintenzirkel

Ich war früh wach am Samstag und ging sofort unter die Dusche. Aus irgendeinem Grund entschied ich mich dafür, zur Feier des Tages Locken in meine Haare zu basteln, und so verbrachte ich einige Zeit damit, den Lockenstab meiner Mutter zu benutzen. Mit dem Ergebnis war ich zufrieden.
Ich nahm meinen schönsten Minirock aus dem Schrank und musste mir eingestehen, dass ich das alles für Leroy tat. Vielleicht bemerkte er mich endlich einmal. Obwohl – dass er mich wahrnahm, dafür würde ich heute ohnehin sorgen. Ein wenig flau war mir im Magen, doch zum Glück war ich nicht alleine. Das hoffte ich zumindest. Es wäre furchtbar, wenn alle mich im Stich lassen würden!
Der Anpfiff war um zehn, und durch die Lockenaktion musste ich mich nun doch beeilen, um den Zeitplan einzuhalten. Zum Glück fand das Spiel an unserer Schule statt, sodass wir uns auf vertrautem Terrain befanden.
Izzy war schon da, als ich eintraf, und sie deutete mit hochgestrecktem Daumen an, dass alles in Ordnung war.
"Everything's okay, you can take that worried look off your face!"
"And Leroy? Is he there?"

"Yes, Nina, he is. Keep cool. They're all still in the **changing room**. By the way: nice look!" Sie wuschelte mir mit der Hand in meinen Locken herum.
"Hey, stop it! That took me hours!"
"Sorry, I was just kidding. Leroy will be proud of you."
"Pah!"
Wir kabbelten uns noch ein bisschen, und plötzlich erklang Musik. Die Schulkapelle war extra zu diesem Anlass aufgelaufen. Unter den Klängen der ersten Takte des *Star-Wars*-Themas kamen beide Teams nacheinander auf den Platz. Schließlich spielte die Kapelle die Nationalhymne. Ich staunte, dass die Hymne sogar bei einem College-Lacrosse-Match gespielt wurde, aber das kam wohl darauf an, wer für die Musik verantwortlich war.

changing room Umkleideraum
tactical taktisch
to ignore ignorieren

"Ramon's gang is here again. Just as we expected", stellte Izzy zufrieden fest. Ich nahm ihr das Opernglas aus der Hand und verfolgte Ramons grimmigen Blick, der direkt in Leroys Richtung ging. Dann war die Hymne vorbei und alle begaben sich auf ihre Plätze.
Leroy setzte sich auf die Ersatzbank.
"What the hell is that? They can't be serious! If Leroy doesn't play, they can just give the cup straight to the Devils!"
"Keep cool. Maybe it's a **tactical** decision."
"Didn't you hear Zach yesterday? He wanted to convince the trainer not to let Leroy play in the final. Obviously he succeeded. Look, the others aren't even looking at Leroy; they**'re** all **ignoring** him!"
Izzy legte ihre Hand auf meine Schulter.

"Nina, please, calm down. We'll watch the first quarter of the match, and then we'll see. Everything will be okay. **Stop flapping!**"
Während ich mich also wie ein kopfloses Huhn aufführte, hatte das Spiel bereits begonnen. Die Warriors starteten mit einer tollen Aktion, bei der ein Spieler auf Tyler passte, der den Ball geschickt fing und mit dem *crosse* ins Tor der Devils schaufelte. Leider war es das schon. Die Devils standen den Warriors so auf den Füßen, dass sie im ersten Viertel keinen Stich mehr machten. Den Devils gelangen dagegen drei Tore.
Ich nahm Izzys Opernglas gar nicht mehr von den Augen. Ständig wechselte ich zwischen dem zufriedenen Grinsen von Ramon und der wachsenden Verzweiflung in Leroys Blick.
Wir standen relativ nah bei der Ersatzbank und so konnte ich Leroy in aller Ruhe genau beobachten. Umso mehr erschrak ich, als er mit einem Mal in meine Richtung sah. Ich nahm das Fernglas runter. Er sah mich noch immer an. Ich deutete mit dem Daumen nach oben. Was natürlich Blödsinn war, denn in diesem Moment war für ihn gar nichts in Ordnung.
"Look, he's talking to the trainer!" Ich stieß Izzy an. Leroy, der die ganze Zeit über stumm dagesessen hatte, redete nun mit Händen und Füßen auf den Trainer ein. Dieser nickte schließlich zögernd.
"The first quarter's over. Let's see what happens now. Is everyone still **in place**?"
Ich besah mir die übrigen Zuschauer und nickte. Wenn es doch endlich so weit wäre!

Stop flapping!
Reg dich ab!
in place
an seinem Platz

Zwischen den beiden Vierteln gab es eine kurze Trinkpause. Der Trainer versammmelte alle Spieler um sich und gab seine Entscheidungen bekannt.
Ich richtete das Fernglas wieder auf Leroy. Seine Kiefermuskeln mahlten entschlossen. Schließlich setzte er sich den Helm auf und schlug mit der rechten Faust in die linke Handfläche, schnappte sich den *crosse* und rannte förmlich auf das Spielfeld. Kurzer Blick zu Ramon: Das Lächeln war aus seinem Gesicht verschwunden. Mit hasserfülltem Blick starrte er auf den Platz. Und noch etwas war anders: Seine Gorillas waren nirgends mehr zu sehen.
"Everything okay? You've gone **white as a sheet**."
"Ramon's on his own over there. The others have vanished."

white as a sheet
kreidebleich

Izzy nahm das Fernglas und sah sich unter den Zuschauern um, fand die beiden jedoch auch nicht.
Derweil fiel auf dem Spielfeld ein Tor.
"Izzy, Leroy scored! He's back! Yeeeee-haaaah!"
Die Devils hatten sich von dieser Schrecksekunde kaum erholt, als ihr Keeper erneut hinter sich greifen musste. Es stand drei zu drei, Tyler hatte ein weiteres Tor gemacht.
Einige Spieler der Devils blickten hilflos zu Ramon, der auf der gegenüberliegenden Seite vor Wut kochte, wie ich durch das Fernglas gut erkennen konnte.
Während der nächsten Viertelstunde brannten Tyler und Leroy ein wahres Feuerwerk auf dem Platz ab. Aber auch Zach, Will und die anderen hielten gut mit, wirbelten ihre *lacrosse sticks* durch die Luft – und auch

mal vor das Bein eines Gegners – sprangen, rempelten und zeigten den Devils, wo ihr Platz in der Liga war: nicht an der Spitze jedenfalls, das war für alle Umstehenden offensichtlich.
Nachdem die Warriors mit drei Toren in Führung gegangen waren, stellte sich Ramon an den Spielfeldrand. Drohend hielt er sein Handy in die Luft, als Leroy beim Torjubel an ihm vorbeitrabte. Mit der anderen Hand machte er hektische waagerechte Bewegungen. Ich deutete es so, dass Leroy sofort aufhören sollte, so gut zu spielen, wenn er verhindern wollte, dass Ramon jemanden anrief. Langsam wurde die Situation brenzlig und ich sehnte den Pausenpfiff herbei.
Auch Izzy schien bei Ramons seltsamem Gehampel etwas Ähnliches gedacht zu haben: "Ramon will definitely call his **buddies** and tell them to hurt the children. Obviously he hasn't noticed that they're all here with their mothers."
Obwohl mir immer noch schlecht vor Angst war, musste ich bei der Vorstellung grinsen.
Leroy schien jedoch von Ramons Geste nicht im Mindesten beeindruckt zu sein, denn er beschimpfte ihn wenig jugendfrei vom Spielfeld aus. Ich weiß nicht, woher er plötzlich seine Coolness nahm. Ob ihm aufgefallen war, dass seine Schützlinge unter den Zuschauern waren? Konnte er sich möglicherweise denken, was wir vorhatten?

buddy Kumpel

Es waren nur noch zwei Minuten im zweiten Viertel zu spielen. Izzy und ich machten uns auf den Weg zum Sprechertisch. Das Spiel war während der ganzen Zeit

live kommentiert worden, und wir erbaten uns vom Moderator das Funkmikrofon für die Pause. Er wollte uns wortreich erklären, dass das prinzipiell nicht gehen würde, doch plötzlich sah er sich umringt von Müttern, Kindern und diversen Schülern unserer Schule. Als der Pausenpfiff ertönte, musste er zwangsläufig klein beigeben: "Okay, I'll make an **exception** for you."
Ich atmete tief durch. Der Einsatz der Müttermafia konnte beginnen.

exception Ausnahme
to affect betreffen
outcome Ergebnis
season Saison

Ich nahm dem Moderator das Mikro aus der Hand, und unsere Gruppe bewegte sich in die Mitte des Spielfeldes.
"Ladies and gentlemen!", begann ich. "And especially Ramon Rodriguez – please listen to what we have to say!"
Die Leute, die sich gerade zerstreuen wollten, hielten inne. Ramon war heftig zusammengezuckt.
"Maybe some of you are wondering what's going on here. Let me explain. What we're dealing with here today is a case of blackmail that **affects** not only the **outcome** of this match, but this whole lacrosse **season**."
Die Ansage hatte die erwünschte Wirkung, denn ein Raunen ging durch die Menge. Einige der Zuschauer waren näher herangerückt.
Izzy und ich hatten geplant, uns abzuwechseln, also übernahm sie das Mikro, während ich Ausschau nach Leroy hielt.

"The Devils team **hired** Ramon Rodriguez and his gang to intimidate the best players of several other teams, and force them to play like complete amateurs."
Leroy stand gar nicht weit weg von uns, sodass ich seinen entgeisterten Gesichtsausdruck gut sehen konnte.
"The Devils obviously need the prize money, which is quite a lot this year. They must have promised Ramon a **percentage**, or maybe he's just doing it to take revenge on the school that **expelled** him last year."

to hire anheuern
percentage prozentualer Anteil
to expel sb jdn (von der Schule) verweisen
low niederträchtig
beside neben

Was als Nächstes zu verkünden war, übernahm ich selbst: "As if all this wasn't bad enough, the way they blackmailed Leroy Cunningham, the Warriors' top player, is the **lowest** thing I've ever heard." Ich holte tief Luft. "The people standing **beside** me are the mothers of very small children. Children Leroy takes care of, because he earns money working as a babysitter."
Ich hoffte, Leroy würde nicht sauer sein auf mich, weil ich nun doch von seinem Job erzählt hatte. Aber ich musste es erklären, damit die Leute den ganzen Zusammenhang überhaupt verstehen konnten.
"Ramon Rodriguez threatened Leroy by saying he'd hurt these children if Leroy didn't make sure his team lost this match."
Nun wurden die Zuschauer richtig laut am Spielfeldrand. Sie waren ganz offensichtlich geschockt von so viel Gewissenlosigkeit.
Einige hatten sich in Ramons Richtung umgedreht, der wie angenagelt auf seinem Platz stehen geblieben war,

anstatt sich so schnell wie möglich davonzumachen. Er hatte anscheinend nicht im Traum damit gerechnet, dass sein Plan aufflog. Und dann noch in aller Öffentlichkeit.

"Keep your **hands off** our children, Ramon!", rief Leyla, Rachels Mutter, und die anderen fielen ein.

"What about fair play?"

"It's a game, not a war!"

"No prize money next year!"

"If you want revenge, leave us out of it!"

Inzwischen schrien so viele durcheinander, dass der Moderator mir das Mikro aus der Hand nahm und die Menge zur Ordnung mahnte.

"Okay, we have to discuss how we're going to deal with this. Is what she said really true?"

Leroy war mittlerweile zu uns herübergekommen und nickte. "Yes, it's true. I don't know how they found out about it, but I'm glad there are **tough** girls like these two who **are prepared to** deal with it." Er drückte meine Hand und formte ein tonloses "Thanks" mit seinen Lippen.

Der Kommentator nahm wieder das Mikro: "We'll have to ask you all to **be patient** for a few moments while we decide what to do. **Apologies for the inconvenience!**"

Die Trainer, Schiedsrichter, Sponsoren und Lehrer der beiden Schulen zogen sich zur Beratung zurück. Die Kapitäne beider Mannschaften sowie Leroy nahmen sie mit. Sicher mussten sie erst mal darüber nach-

hands off
Hände weg von

tough hartnäckig

to be prepared to do sth bereit sein, etw zu tun

to be patient
Geduld haben

Apologies for the inconvenience!
Wir bitten um Ihr Verständnis!

denken, ob sie die Devils disqualifizieren sollten und was sie in diesem Fall mit dem Preisgeld machen würden.
Leroy und Tyler kamen schon recht bald zurück.
"The captain of the Devils **has apologized**. The others wanted them to be disqualified, but I think that's bullshit. We**'re in the lead**, and we can play normally in the second half. Better to play to the end and let everyone see that we **thrashed** the Devils **fair and square**!"
Leroy sah sich um.
"Has Ramon left?"
"I think so. He was standing over there for quite a long time, but maybe he was just scared someone would attack him. He's disappeared now."
"**Good riddance to bad rubbish.** What the hell was going on in his head?"
Darauf wusste ich natürlich keine Antwort. Außerdem war die Beratung zu Ende, und der Moderator teilte den Wartenden mit, dass man sich auf eine Fortsetzung des Spiels geeinigt habe.

to apologize sich entschuldigen
to be in the lead führen
to thrash vernichtend schlagen
fair and square offen und ehrlich
Good riddance to bad rubbish. Ein Glück, dass wir den los sind.

Der Anpfiff zum dritten Viertel ertönte und zuerst schien sich niemand so recht an den Ball zu trauen. Es war für beide Teams eine seltsame Situation. Ich war mir sicher, dass die Devils sich gar nicht trauen würden, jetzt noch aggressiv zu spielen. Immer würde der Hauch des Verbrechens über diesem Sieg liegen.
Nach einiger Zeit schienen die Spieler vergessen zu

haben, was während der Pause gesagt worden war. Zach warf das Tor zum 7:3, dann kassierten die Warriors ein Gegentor, doch Tyler und Leroy waren sofort wieder zur Stelle.
Leroy rannte sich die Lunge aus dem Leib. Es kam mir vor, als wollte er sich bei seinen Teamkameraden für sein häufiges Fernbleiben von Training entschuldigen. Außerdem hatte er einen Ruf zu verlieren. Schließlich war er es, der die Mannschaft von ganz unten bis an die Spitze der Liga gebracht hatte.
Auch der Kommentator war aufgeregt: "Leroy Cunningham is back! He caught the ball right under a Devil's nose in front of the Warriors' goal and he**'s zigzagging** across the pitch ... he's right in front of the goal ... Will he make it? Will he score again? Wait – a Devil's player is attackinsg him **from behind** ... Foul! Foul! Cunningham is on the ground, and he seems to be badly hurt."
Ich hatte den Angriff mit dem Opernglas verfolgt. Leroy überschlug sich noch ein paar Mal und blieb schließlich mit vor Schmerz verzerrtem Gesicht auf dem Spielfeld liegen. Es sah gar nicht gut aus, in welchem Winkel Leroys Unterschenkel plötzlich abstand ...

to zigzag
im Zickzack laufen
from behind
von hinten

Going to Hospital

"Nina, everything will be okay. Don't worry! It's not a heart attack, it's just a broken leg!" Izzy nahm mich in den Arm, während ich dem Krankenwagen hinterherstarrte. Ich hatte mich setzen müssen, weil mir schwarz vor Augen geworden war, als ich mir Leroys offenen Bruch aus der Nähe angesehen hatte. Kein schöner Anblick – mir wurde jetzt noch flau, wenn ich daran dachte.

to blame oneself
sich Vorwürfe machen

"We should have let him stay on the substitutes' bench, and nothing would have happenend. It's all because we interfered."
Doch dafür hatte Izzy überhaupt kein Verständnis.
"Stop **blaming yourself**. We did the right thing. Otherwise Ramon would have won, and no one would ever have heard about all the evil things he did."
"Don't you think he'll take revenge on us?"
Izzy verdrehte die Augen, und ich beschloss gerade, lieber gar nichts mehr zu sagen, als Leilani und Akiko angelaufen kamen.
"Here's some orange juice. You're so pale – this should bring you back to life." Akiko hielt mir ein Glas Orangensaft unter die Nase, das sie offenbar in der Cafeteria organisiert hatte, und Leilani reichte ein *chicken salad sandwich* hinterher.
"You are so sweet!" Ich hatte gar nicht gemerkt, wie

hungrig ich eigentlich war, und der Orangensaft half mir tatsächlich wieder auf die Beine.
Einige der Mütter, die wir mobilisiert hatten, standen auf dem Rasen, auf dem ihre Kinder herumtollten. Mrs Cunningham war mit Leroy im Krankenwagen mitgefahren und hatte eine andere Mutter gebeten, auf Brittany und Bob aufzupassen.
"What happened to the match?"
Weil Leilani und Akiko sich um mein leibliches Wohl gekümmert hatten, hatten sie die letzte Entscheidung des Schiedsrichters verpasst.
"There was so much trouble that the **referee** decided to **break** it **off**. He counted it as a 13:8 **win** for the Warriors."
"So, we are the champions now?"
Akiko kicherte und hüpfte, während Leilani den Song von Queen anstimmte: "We are the champions, my frieeeheeend, and we'll keep on fighting till the end!"
"Not till the end, stupid; they broke off the match", zog Izzy Leilani auf.

referee Schiedsrichter
to break off abbrechen
win Sieg

Wir hatten gar nicht gemerkt, dass zwei der Mütter, bei denen Leroy babysittete, inzwischen hinter uns standen.
"Congratulations on your double win."
"It was a great idea to mobilize the neighborhood mothers to stop Ramon and his gang. He hasn't been able to do anything, and he won't be able to in future, either, because now Brooklyn is keeping an eye on him."

"Yeah – this was so much more **effective** than a **police operation** would have been."
Langsam war auch ich davon überzeugt, dass unsere Idee gar nicht so schlecht gewesen war. Wenn nur dieser hässliche Unfall nicht passiert wäre!
Der Spieler der Devils war völlig zerknirscht, weil er Leroy mit seinem Foulspiel natürlich nicht hatte verletzen wollen. Außerdem hatte er seiner Mannschaft durch die konsequente Entscheidung des Schiedsrichters auch jede Chance genommen, das Spiel auf ehrliche Weise vielleicht doch noch zu gewinnen. Und wie wir inzwischen wussten, hingen ja wirklich eine Menge Dollars an diesem Sieg. Abgesehen von dem hässlichen Pokal, den die Mannschaft noch überreicht bekam.
"I think I should go home now. I'm feeling much better for the juice and the food, but I need to **get away from it all** and just **chill**."
Ich verabschiedete mich von den Müttern. Akiko, Izzy und Leilani brachen mit mir zusammen auf. Wir gingen ein Stück gemeinsam, dann trennten sich unsere Wege.

Zu Hause fand ich einen Zettel:
Gone shopping.
Pizza in the fridge.
Mom & Dad

Mir war das ganz recht. "Shopping" konnte lange dauern, denn auch in dieser Hinsicht war mein Vater untypisch. Er hielt oft noch durch, wenn

effective wirkungsvoll
police operation Polizeiaktion
to get away from it all ganz abschalten
to chill chillen

meine Mutter schon längst genug hatte für diesen Tag.
Da ich gerade erst gegessen hatte, konnte die Pizza noch warten. Ich trat auf die Feuertreppe hinaus. Eine der winzigen Tomaten verfärbte sich leicht rötlich. Ich gönnte allen drei Pflanzen einen ordentlichen Schwall Wasser, ging wieder ins Zimmer und legte mich aufs Bett.
Ich hatte gar keine Lust aufzustehen, als das Telefon klingelte, doch ich war viel zu neugierig, um es einfach läuten zu lassen.
"Nina Clark."
"Ich dachte schon, du gehst gar nicht mehr ran."
Moment, die Stimme kannte ich doch.
"Konrad?"
"Überrascht?"
"Wenn ich ehrlich bin, sogar sehr. Ich dachte, ich würde nie wieder ein einziges Wort von dir hören."
"Das war alles doof neulich am Telefon. Deshalb rufe ich an. Ich wollte nur sagen, dass ich immer dein Freund bin und du mich jederzeit anrufen kannst, wenn etwas ist. Jemand muss doch auch von ferne auf dich aufpassen."
Ich grinste sinnlos ins Telefon. Nun hatte ich also schon zwei Schutzengel. Einen in der Ferne und einen mit gebrochenem Flügel.

to be in pain
Schmerzen haben

Am nächsten Tag rief ich Leroys Mutter an, um zu fragen, ob ich ihn im Krankenhaus besuchen könnte.
"Leroy**'s in** quite a lot of **pain**. They've been giving him

painkillers. I'm afraid it's not such a good idea to visit him now; they**'re operating on him** tomorrow morning, and afterwards he'll be a bit **disorientated**. I think it's better if you come **the day after tomorrow**."

The day after tomorrow war Dienstag, also musste ich auch noch bis nach der Schule warten. Meine Mitschüler waren sich einig, dass ich ihn besuchen sollte, bevor jemand von ihnen ins Krankenhaus ging. Also wanderte ich alleine durch die Flure des Brooklyn Hospital Center in der Dekalb Avenue.
Eine Krankenschwester führte mich zu Leroys Zimmer. Zum Glück übernahm sie das Anklopfen, denn ich hätte mich in dem Moment wahrscheinlich nicht getraut. Leroy und ich hatten ja noch keine Gelegenheit gehabt, nach der Aktion in der Halbzeit miteinander zu reden.
"Hi, **how are you doing?**", fragte ich das schläfrige Wesen in den weißen Kissen.
"Okay. It hurts, though." Leroy deutete auf sein Bein, das mit einer Schiene fixiert war. Ein großer Beutel mit Eiswürfeln lag obenauf.
"It's for the **swelling**."
"Oh." Klar, nach so einer OP konnte das Bein natürlich anschwellen; dagegen musste man etwas tun. Ich wünschte, ich hätte noch etwas Intelligenteres sagen können. Stattdessen ergriff Leroy das Wort.
"Thanks, Nina. You're obviously a better private investigator than I realized. I never thought you'd find out

painkiller Schmerzmittel
to operate on sb jdn operieren
disorientated desorientiert
the day after tomorrow übermorgen
How are you doing? Wie geht es dir?
swelling Schwellung

what was going on. And it was a very good idea to deal with it like that."
Er streckte gerade seine Hand nach meiner aus, als es klopfte und das Türquietschen einen weiteren Besucher ankündigte. Ich drehte mich um und spannte unwillkürlich alle Muskeln an. Denn in der Türöffnung stand Ramon.
Er war allein, und ich atmete wieder aus, als ich sah, dass er sehr unsicher und eher zerknirscht wirkte.
"I just wanna say sorry", nuschelte er.
Leroy und ich sagten nichts, sahen ihn nur an.

business Sache
high-school diploma Schulabschluss
criminal record Vorstrafe
equals heißt
parole officer Bewährungshelfer
is gonna (= is going to) wird
to be on good behaviour sich gut benehmen
willing bereit
graduation Abschlussprüfung

"It was shit, what I was doing. Hey, stop staring at me like that, okay?"
"Okay."
Ramon stand immer noch herum und wurde plötzlich gesprächig.
"I needed money, man. I've got no work because of that drugs **business**. No **high-school diploma** plus a **criminal record equals** no job."
Er sprach mit Händen und Füßen, es sah fast nach einem Rap aus.
"But after everything that happened, I talked to my **parole officer**. And he talked to the school principal."
Er machte eine Kunstpause und ein winziges Lächeln huschte über sein Gesicht.
"And, hey, man, he**'s gonna** give me a second chance! I can go back to school, and if I**'m on good behaviour** and they see I'm **willing** to learn, I can stay till **graduation**."

"That's cool, man, I'm really glad", sagte Leroy lahm, was allerdings mehr auf seinen Gesundheitszustand zurückzuführen war. Ich glaube, dass er sich wirklich darüber freute. Und auch wenn ich Ramon zuerst sehr furchteinflößend gefunden hatte – so wie er jetzt vor uns stand, machte er einen vollkommen harmlosen Eindruck.

"I'll keep my fingers crossed", sagte ich zu ihm.

"What about the two guys you were hanging around with?"

"I don't really know. I haven't seen them since the match. Maybe they're looking for another bad guy to **hook up with**." Er lachte trocken. "Oh, and by the way: congratulations. You deserved that ugly cup." Dann zwinkerte er Leroy zu und ich hatte das Gefühl, mit einem Mal ziemlich überflüssig zu sein.

"I think you two probably need to talk. I'll come back later." Dann wandte ich mich an Leroy: "Here, I saved some gummi bears from Germany for you. Enjoy!"

"I didn't **mean to** disturb you", wehrte Ramon ab und wollte gehen, aber ich hatte das Gefühl, die beiden mussten dringend noch eine Menge klären. Ich konnte später noch in Ruhe mit Leroy sprechen. Das musste ich auch, denn nichts von dem, was ich ihm hatte sagen wollen, hatte ich grade anbringen können.

Ich winkte kurz und huschte durch die Tür.

to hook up with sb
sich jdm anschließen

to mean to do sth
etw tun wollen

New York – the Perfect Place to Be

Bestimmt acht Mal hatte ich bereits nachgesehen, ob mein Handy auch wirklich eingeschaltet war, als endlich die ersehnte SMS kam.

Ready! stand dort. Sonst nichts.

Ich gab die Parole an Izzy und die anderen auf meiner Liste weiter und ging in die Küche.

"Mom, Dad? We're ready to start!"

"Ready when you are", bekam ich zur Antwort. Wir schlüpften in unsere Schuhe und verließen die Wohnung.

mean *hier:* klasse

"By the way, some of my students really liked the rooftop garden. They went there several times, just to work with the community. Two of them wanted to join us today. Judith makes a **mean** potato salad. She brought some to campus to celebrate her birthday."

Kartoffelsalat war schon mal sehr gut. Mom und ich hatten für das geplante Dachgarten-Picknick Brot gebacken, nach einem Rezept meiner Großmutter. Mit den amerikanischen Zutaten schmeckte es zwar nicht so wie zu Hause in Berlin, aber allemal besser als das pappige Zeug, das man sonst hier bekam.

Nach zehnminütigem Marsch kamen wir am Fuße der Williamsburg Bridge an, wo schon unser halber Schuljahrgang wartete, sowie Mütter und Väter mit den Kindern, bei denen Leroy babysittete, – und Ramon, der seit drei Tagen wieder auf die Brooklyn High School ging.
Als auch der Rest unserer *classmates* noch auftauchte, zogen wir wie eine kleine Prozession über die Brücke. Beinahe jeder hatte eine Pflanze in der Hand: vorwiegend Herbstblumen und spätes Gemüse, das man jetzt noch pflanzen konnte.
Am Fahrstuhl zum *rooftop garden* mussten wir anstehen, denn selbstverständlich passten wir nicht alle gleichzeitig hinein. Wir hatten jedoch ausgemacht, dass wir alle oben warten würden, bis auch der Letzte aus unserer Truppe da war.
"Everybody here?", rief ich in die Runde, und ein vielstimmiges "Yeah!" schallte mir entgegen.
"Then let's go!" Ich öffnete die Tür, mein Vater hielt sie auf, und wir gingen alle hindurch. Ich hatte mit Mrs Cunningham ausgemacht, dass sie mit Leroy bei den Zucchinipflanzen warten sollte, dort, wo ich ihn zum ersten Mal in diesem wunderbaren Garten beobachtet hatte.
So saß er dann auch mit dem Rücken zu uns im Rollstuhl und wandte sich erst um, als seine kleinen Geschwister zu quietschen begannen.
"Surprise, surprise!", riefen alle durcheinander.
"Hi, Heroy!" Für dieses kleine Wortspiel erntete ich ein strahlendes Lächeln von ihm.
"What's going on, guys? Is someone having a birthday party out here on the roof?"

Leroy tat so, als würde er nicht längst ahnen, dass wir alle seinetwegen hier waren.
"No. We just wanted to thank you for being a great player and a wonderful babysitter. And we want to have some fun!"
"Paaartyyy!", riefen Izzy und Leilani, und die anderen stimmten mit ein.
Leroys Mutter zwinkerte mir zu.
"Thanks for helping me organize this, Mrs Cunningham. May I introduce my mom and dad?" Ich stellte die drei einander vor.
"Oh, I've seen your dad with his students here before", sagte Leroys Mutter und erzählte, dass sie früher in einem der Büros unter uns gearbeitet hatte.
"I often came up here during my lunch break for some **peace and quiet**, but sometimes it was **unbearably** hot. So one day I had the idea of turning the roof into a vegetable garden."
Sie fragte den Hausbesitzer, und der ließ einen Statiker prüfen, ob das Dach stabil genug für eine große Menge Erde wäre. Der Statiker gab grünes Licht, und Leroys Mutter hatte mit einigen Containerpflanzen angefangen.
"But how did you manage to turn the whole roof into a garden?" Meine Mutter hatte dem Vortrag gebannt gelauscht.
"Well, I lost my job downstairs when they **downsized** the company, but they let me keep coming to the garden. I saw I couldn't manage it alone, so I **put up** a

peace and quiet Ruhe und Frieden
unbearably unerträglich
to downsize verkleinern
to put up aufhängen

note beside the front door: Looking for keen gardeners to help start a community garden. Meet you on the roof."

"And that worked? In Germany someone would have **ripped** the note **down**, or our **bureaucracy** would have put a stop to it."

"Yeah, it worked fine. Believe me, **where there's a will, there's a way**. Even in Germany."

Die beiden prosteten sich mit Dosenbier zu. Ich konnte sie ruhigen Gewissens sich selbst überlassen.

note Zettel
to rip down abreißen
bureaucracy Bürokratie
Where there's a will, there's a way. Wo ein Wille ist, ist auch ein Weg.

Das mitgebrachte Essen und die Getränke stand in einer langen Reihe auf den Tischen, die wir zuvor aus dem kleinen Schuppen geholt hatten.

"You must be Judith", stellte ich fest, als eine Frau, die ich dunkel als eine von Dads Studentinnen in Erinnerung hatte, einen mit Radieschen dekorierten Kartoffelsalat auf dem Tisch platzierte. "My father is crazy about your potato salad. He couldn't stop talking about it all the way here."

"Oh, I know! Last time I made one he nearly ate the whole bowl by himself!"

"Are you talking about me?" Natürlich hatte Dad mitbekommen, dass wir über ihn sprachen.

So waren alle gut beschäftigt, was mir Gelegenheit gab, mich endlich zu Leroy zu verkrümeln.

"Surprise! How's your leg doing? Better?"

"It only hurts when I laugh."

"You were a big success, anyway. I'm just sorry you got hurt."

"It's not your **fault**. It was my decision to take part in the match. I had to argue with the trainer – my team didn't want me to play."
"But they like you a lot. I guess they were just **upset** because you'd skipped practice again. By the way, why did you do that?"
"I guessed that if I did, they wouldn't want me to play in the match. That would have been the easiest **solution** for me. The kids weren't in danger if I wasn't playing. I knew I wouldn't be able to play badly, so I **provoked** the trainer and the team until they had to **replace** me."
"Why did you change your mind during the match?"
"When I saw you sitting there looking at me and **giving** me **the thumbs up**, I knew you **must have arranged** something. I'd already seen that some of the kids I look after were there, so I guessed they must be **safe**."
Er schaute auf seine Knie. Dann sah er mich direkt an.

fault Schuld
upset aufgebracht
solution Lösung
to provoke provozieren
to replace ersetzen
to give sb the thumbs up jdm das Okay-Zeichen geben
to arrange arrangieren
safe in Sicherheit

"I wanted to say this before, when you visited me in hospital. You did a really great job. I'm sorry I didn't tell you the truth. It was just because I didn't want you to become a target for Ramon's gang. He told me he'd hurt you too if I didn't do what he said. If I'd known that you'd have such a brillant idea, I would have told you about it all earlier." Er nahm meine Hand.
"You're perfect, Nina. Thank you." Und dann küsste er mich. Nicht wie beim letzten Mal, sondern direkt auf

den Mund. Ein langer, zärtlicher Kuss, den ich genoss, bis –

kiss Kuss
That's enough. Das reicht.

"Wow! Look at Leroy and Nina! They're *kissing*!"
"Bleeeaaagh!"
"A **kissssssssssssssss**! A long kisssssssss!"
"Leroy loves Nina, Leroy loves Nina, Leroy loves –"
"Okay, kids, **that's enough**!" Leroy lachte und hielt meine Hand ganz fest.
Wir hatten beide nicht bemerkt, dass seine Geschwister und alle anderen Kinder sich kichernd um uns versammelt hatten, bis der Erste anfing, sich lautstark über uns zu äußern.
"Hey, Leroy! Good trick – show me how to break a leg, and maybe I'll get a girlfriend, too!", rief Tyler herüber.
"Oh, you don't have to break your leg. I'll take you as you are!" Izzy schnappte sich Tylers Hand und zog ihn auf die Bank neben sich.
"Come here, everybody, there's food!"
Ich schob Leroys Rollstuhl an den Tisch und wir machten uns alle gemeinsam über das Essen her. Ich sah mich in der Runde um und war einfach nur glücklich. Konrad hatte mich angerufen und mir ewige Freundschaft geschworen, mit Leroy schien gerade etwas Wunderbares zu beginnen, und wir hatten beide viele Freunde und Verbündete gewonnen. Und der *rooftop garden* begeisterte eine Menge neuer Gärtner und Grün-Fans. Nach dem Essen packten alle mit an und buddelten die mitgebrachten Pflanzen ein, angeleitet von Leroy und seiner Mutter.
The perfect place to be.